哈佛
高效学习法

王艺宁◎著

台海出版社

图书在版编目（CIP）数据

哈佛高效学习法 / 王艺宁著 . -- 北京 : 台海出版社，
2020.3

ISBN 978-7-5168-2567-9

Ⅰ . ①哈… Ⅱ . ①王… Ⅲ . ①学习方法 Ⅳ .
① G442

中国版本图书馆 CIP 数据核字 (2020) 第 038725 号

哈佛高效学习法

著　　者	王艺宁	
出 版 人	蔡　旭	
选题策划	盛世云图	
责任编辑	姚红梅	
装帧设计	末末美书	
内文制作	谷　羽	
出　　版	台海出版社	
地　　址	北京市东城区景山东街 20 号	
邮　　编	100009	
电　　话	010 — 64041652（发行，邮购）	
传　　真	010 — 84045799（总编室）	
网　　址	www.taimeng.org.cn/thcbs/default.htm	
电子邮箱	thcbs@126.com	
发　　行	全国各地新华书店	
印　　刷	河北盛世彩捷印刷有限公司	
开　　本	880mm×1230mm　　1/32	
字　　数	173 千字	
印　　张	9	
版　　次	2020 年 3 月第 1 版	
印　　次	2020 年 3 月第 1 次印刷	
书　　号	ISBN 978-7-5168-2567-9	
定　　价	45.00 元	

◆ 序言

提到哈佛，你会想到什么？

座无虚席的图书馆、匆匆忙忙的步伐、满是书籍的餐厅、弥漫着浓厚学习气息的校园……

的确如此，但也不全然这样。

它的图书馆或许并没有你想象的那般人满为患，学生们也不是时刻都争分夺秒，在餐厅里边吃边学习的人也没有那么多，校园里的身影也会悠闲地说说笑笑……

学生们会参加各种各样的社会实践，也会自发策划多姿多彩的校园活动，甚至会参加聚会疯玩一夜……

当然，他们也会两耳不闻窗外事，埋头钻研，也会冥思苦想，熬到深夜，更会随时随地因为知识争得面红耳赤……

到底哪个才是真正的哈佛？哪种才是哈佛学子真正的状态？

作为世界的一流学府，顶尖的教育殿堂，哈佛是全世界学子向往的梦想摇篮、心灵归宿。它似乎蕴藏着神奇的力量，能够孕育出一个又一个领袖级人物，造就一个又一个传奇。在大多数人的眼中，哈佛是无比神圣的存在，只要进入哈佛，就会脱胎换骨，人生从此将与众不同。

哈佛前校长德里克·博克却这样说："其实，哈佛并未教给学生些什么，我们只是创造了一个让他们学习的环境，来启发他们的危机意识、对未知的好奇心以及广泛的兴趣。"真正让哈佛与众不同的正是这群学生，他们本身拥有着强烈的学习欲望和高效的学习方法，在一起构建了一个自然、浓厚的互助型学习氛围和校园文化。学校的主体是学生，学校因学生们的出色能力以及对社会的影响力而出名，最终这名誉反哺了学校，这是一个正向循环，相互成就。

事实的确如此，并不能单纯地说学生需要哈佛，哈佛成就了学生，当然也不能否认哈佛教育的优秀，两者之间，是相互促进、相互成就。哈佛用其先进优良的教学理念和教育方法使得学生们的思维水平、学习能力不断进步提升，让学生们学到的不是死板的知识，而是批判性的思维和灵活的方法；学生们再将这些方法内化，形成属于自己的一套学习秘诀，应用在各个领域，最终有所成就，也壮大了学校的声望。

哈佛是多面的，甚至可以说是无形的，正如哈佛大学著名教授威廉·詹姆斯所言："真正的哈佛乃是一个无形的、内在的、精神的哈佛。"

哈佛的学生呢？同样也是多面的，他们不仅是学业专业上的佼佼者，运动体能管理也是他们非常关注的方面，同时还可以在人际社交中游刃有余……

你可能会想这并不奇怪，能进入哈佛的人本就是佼佼者，做到全面发展理所应当。

但其实最关键的不是先天条件，也不是所谓的智商，而是他们有着一套高效的学习方法，足以让自己在参加各种课外活动、进行人际交往之外依然能够保障专业学习，足以让自己从众多纷杂的信息中快速获得最有价值的知识晶体，足以让自己在实践中快速成长。

而这也是本书的主要目的和内容——阐述一套系统的哈佛高效学习法，从思维层面开启高效学习之旅。

哈佛的校训为：真理。它不提倡刻苦，也没有强调努力，而是希望学生们寻求真理，而它能做的就是为学生们提供寻求真理的途径。

当然，这并不意味着勤奋刻苦没有用，而是方法途径更重要，尤其在这个发展飞速、瞬息万变、信息堆砌的快消时代，效率才是根本。

本书从四大方面展开，以思维方式和学习方法为主要阐述内容：从提问思维到批判思维，再从独立思考到深度思考；从专注力到学习力；从时间管理到能量管理；从积极心理学到终身学习理念。将展开一系列行之有效的改变思维方式、提高学习效率、有效利用实践、调节压力的方式方法。

当然，这些方法可能不会让你变得像哈佛学子那般优秀，也可能在短时间内看不到效果，但只要你坚持下去，并有意识地运用，在不久的将来，你就会发现，自己从身体到心灵都发生了巨大的改变，学习、工作越来越得心应手，生活越来越美好。

正如哈佛大学幸福课的讲授者本·沙哈尔教授所言，你的生活是被你吸引过来的。

目　录

第二章　批判性思维：批判思维让学习更加深入

第三章　深度思维：没有深度思考，勤奋毫无意义

第二部分
哈佛学习法：高效学习方法让学习更轻松

第四章　学习力：运用学习力让思想闪光

第三部分

哈佛管理法：做好自我管理，端正学习态度

第七章　时间管理：让你的学习时间更充足

哈佛真相

探索谣言背后的真相

◆ 哈佛学生真的在彻夜苦读吗

　　当你走进美丽的哈佛校园，置身于晨曦中，只见湖边、路边，许多学子正在聚精会神地晨读着；当你走进藏书逾千万册的哈佛图书馆，只见每间阅览室都灯火通明，每个座位上都坐着认真看书的学子……他们没穿华丽的服装，更不去四处游荡，有的只是匆匆的脚步，坚实地写下人生的篇章。

　　英国一家电视台曾做过一期题为《凌晨四点半》的专题节目，内容讲的是，在一个普通的凌晨四点半，哈佛图书馆内，已经坐满了静静看书、认真做笔记、积极思考问题的哈佛学子……

　　这是几年前的一本畅销书《哈佛凌晨四点半》中的一段话。

　　那时候，即使不知道、没有看过这本书的人也知道哈佛凌晨四点半的图书馆。家长们将那张灯火通明的图书馆照片用来鞭策自己的孩子，不少初高中的学生也一度十分迷恋这种哈佛精神，甚至进行效仿。

与"哈佛凌晨四点半"同时存在的还有"哈佛校训""哈佛图书馆训言"，直到现在，不明真相的人们听到这样的话依旧会心潮澎湃，信奉着这一座"神一样"的学府。

哈佛真的昼夜不分，凌晨四点半的图书馆依旧灯火通明，座无虚席？

哈佛的学生真的连吃饭都在学习，每天狂啃书本、挑灯苦读？

醒醒吧！他们也是正常人，而且熬夜学习真的不是什么好习惯。

近几年，已经有不少人出来对此进行辟谣，有专门去哈佛院校找学生求证的学者，有去哈佛图书馆实地走访的作家，也有在哈佛就读的留学生，但他们说出的事实却是一致的：根本没有这回事儿，太夸张了。

哈佛大学的本科图书馆的确有很多，但二十四小时全天候开放的却只有一个，其余的基本上都是晚上十一点之前就闭馆了，唯一开放的那一个也不是网上盛传的灯火通明的景象。不少哈佛大学的学生表示，他们基本上在晚上十一点左右就回宿舍了，每天的睡眠时间也不少于六小时，从没想过要在图书馆熬到后半夜。

所以，"哈佛学生彻夜苦读"不过是某些人杜撰出来的，是利用人们对这座高等学府的向往而编造出来的谎言。

哈佛学子的确是普通人中的佼佼者，但是再优秀他们也是正常人，仔细一想便知道，这个说法根本立不住脚，那为什么还会有这么多人对此深信不疑呢？

因为相比于能力弱、智商低、思维逻辑欠缺等硬伤，人们更愿意相信自己比哈佛学生差劲的原因在于不够努力、不够刻苦。如此一来，他们就可以这样想：哈佛学生优秀是因为更努力，我没有他们厉害是因为我学习的时间不够长，而这样又会给家长或者学子们一种虚无的激励作用，给他们遥不可及的愿望打开一条最可能实现的途径：只要我想，我就能像哈佛学生那么优秀，只要刻苦学习，熬夜读书，我就能上哈佛。

所以，很多家长开始信奉所谓的哈佛式教育，责备孩子不够努力，逼迫孩子长时间学习；很多学生开始迷恋哈佛式精神，晚上熬夜看书，通宵奋战，觉得自己优秀无比。

事实上，不仅仅哈佛，世界著名的高等学府中，没有哪个推崇"熬夜式"学习，更没有学生暗自较劲谁熬夜更久，以"学得晚"来衡量是否刻苦、是否优秀。

"熬夜"本身就不是好习惯，而学习讲究的是效率，并不是单纯的时长。图书馆熬夜苦战，课堂上昏昏欲睡，这难道是有效的学习方法？"凌晨四点半"式的刻苦不但很假，而且非常蠢。

哈佛学子的优秀，跟"刷夜"一丁点儿关系都没有，关键是因为他们知道怎么学习，同时保持着诸多良好的学习习惯。

譬如，不逃课、上课不走神、及时提出疑问解决问题、学习目标明确、劳逸结合、独立思考等。

哈佛学生们推崇的就是劳逸结合的学习方式，玩的时候会尽情地玩，学习的时候更能做到两耳不闻窗外事。对于学习，他们态度虔诚而认真，有着绝对的高效率；而对于娱乐，他们也绝对不会敷衍，常常玩得尽兴、玩得疯狂。有时候前一天还在通宵狂欢，第二天就可以把自己关在图书馆，"不问世事"。

他们会把每天的学习任务划分等级，用序号列出来，并会规定时限，因此他们在学习时都会带着很明确的目标，尽量在预估的时间内将任务完成。

比如，读一本书，不会直接从第一页开始，因为他们的目的是要找出几个关键论据来支撑自己的某个观点；上一堂课，就一定要学会某个知识点，不达目的不罢休。

如此一来，学习的效果就会非常明显。

该学习的时候，心无旁骛，与世隔绝；该玩的时候，尽情释放。这才是正确的方式，一味地苦读并不能够保证学到更多的东西，反而会消耗精力，浪费时间。你所以为的刻苦，不过是一种徒有其表、用来安慰自己的伪学习法。

所以，千万不要再信奉所谓的"哈佛凌晨四点半"，也不要将哈佛、哈佛学生盲目神化，进而效仿"哈佛凌晨四点半"的学习方式。他们也是正常人，不过是比大多数人更会学习的正常人，而我们应当关注和探索他们那些正确且高效的学习方法，而不是盲目跟风。

◆ 与众不同的是学生还是学校

哈佛，作为世界上首屈一指的知名学府，自成立以来就是莘莘学子的魂牵梦绕之地，这个地方似乎蕴含着不可知的能量，造就了一个又一个传奇。

众所周知，哈佛人学共出过8位美国总统和数百位诺贝尔、普利策奖获得者，还出了一大批知名的学术创始人、世界级的学术带头人、文学家、思想家，如拉尔夫·爱默生、杰罗姆·布鲁纳、亨利·梭罗等。此外，著名外交家美国前国务卿亨利·基辛格、蒙古国现任总统查希亚·额勒贝格道尔吉也都出自哈佛。

这些传奇人物的存在，似乎更印证了哈佛大学是一个神奇的地方，这里不仅仅是高端学府，更是实现所有梦想的摇篮，只要进入其中，人生将会彻底改变。

于是，年轻的学子们把考进哈佛作为奋斗的目标，在他们眼里，哈佛具有化腐朽为神奇的力量，即使是普通人，只要置身其中，也会镀上一层金。

然而，对于哈佛的神奇，有些人总是不以为然，有一种传言就说，哈佛的成功在于它只招收家境优越的学生，这些学生具有更强大的社会资源，而哈佛就像一张网络一样，将这些社会资源聚拢在一起，所以哈佛的毕业生想不成功都难。事实确实如此吗？我们不能不承认，类似哈佛这样的名校，在选拔人才的时候总是有些"猫腻"。

因为哈佛是一家私立大学，其选择学生是按照自己的一套标准进行的，虽然在某种程度上保证了公平公正，但也不可避免地出现一些倾向性。

世界上绝大多数名流都在教育方面有着一种"名校执拗"，美国名流们也不例外，通常整个家族的人都出自顶尖的一流名校，他们在这方面沿用"世袭制"，也就是说孩子就读的学校，也是父母毕业的学校。

我们不否认哈佛在选学生上有一些背景倾向性，但是，哈佛的大门对于普通人一样是敞开的，只是在普通人里，哈佛更看重一些特殊的素质罢了。在年轻学生的众多素质中，哈佛最为看重的就是与众不同，学生必须有一些特殊的才能，让哈佛看到他的培养潜质。

换句话说，哈佛也要考虑自己的教育成本，同样的教育资源给出去，哈佛也希望能够培养出更优秀更成功的人才。所以，哈佛对于面试学生的各种综合素质和特殊才能是非常看重的，而在这方面，一些出生在富裕家庭里的学生毫无疑问是更有优势的。

除了金钱的优势之外，出生在富裕家庭中的孩子往往还有很多隐形的资源优势，他们从小接触到的事物都是普通家庭难以想象的，比如与华尔街精英谈笑风生、参与某项实验研究、帮助父母管理企业，等等。这种与生俱来的家庭优势使他们的视野更广阔，看待问题的思维更活跃，拥有诸多卓越的课外成就，所以他们在面试阶段往往表现得更好，更容易被录取。

当然，这并不意味着寒门子弟会与哈佛彻底无缘，每年进入哈佛的大多数学生还都是来自普通家庭，而他们之所以能够被哈佛选中，就在于他们也具备一些让哈佛难以拒绝的素质。

例如，普通家庭的孩子也可以具有很强的创造力，也可以拥有过人的组织能力，如果在学习能力和学习热情上打动哈佛，普通家庭的孩子也一样能够获得和富豪子弟一样的待遇。

也就是说，哈佛的厉害确实在于学生本身的优秀，但这种优秀绝不仅仅是出身，而是本身具备了某些可以被哈佛认可的潜质，让哈佛意识到他们比普通人更具有培养价值。于是我们就能够明白，哈佛的与众不同并不是单纯的学生与众不同，而是哈佛与众不同的选才标准，一个不唯分数不唯出身的特殊选才标准。

例如扎克伯格，其出身就并非富豪，他的父母是医生和医生助理，但他一样凭借自身的优秀而被哈佛选中，类似的还有杰罗姆·布鲁纳、罗伯特·弗罗斯特等一大批知名人士。他们以一个普通学生的身份进入哈佛，经过哈佛的培养，日后在各自的领域取得了举世瞩目的成就。

哈佛对于很多人来说都是神圣的，是遥不可及的，觉得进入哈佛就是一次脱胎换骨，是哈佛成就了学生，学生需要哈佛。事实上，真正让哈佛与众不同的，是它能够通过特殊的方法选拔出一批可以造就的学生，让那些本身就拥有着优越条件和强烈学习欲望的学生接受它特殊的培养，并为学生们构建了一个自然、浓厚的互助型学习氛围和校园文化。

与选才的与众不同相辅相成的是在培养上的别具一格。哈佛大学的教育水平是不可否认的，不然为什么这些优秀学子要挤破头进来？对于这些人来说，尽管他们已经十分了得，但是哈佛却能够使他们变得更强大，是他们巩固自我、提升能力的最好途径，他们在这里能够接触到更多尖端的科技和思想，能够锻炼甚至转变思维方式，能够碰撞、融合再爆发。

选才和教育上的双重特殊，正是哈佛教育的厉害之处。

所以，并不能单纯地说学生需要哈佛，是哈佛成就了学生。一个不学无术、不求上进的人首先就不会被选入这座世界最高学府，因为哈佛明白，他们不会摇身一变成为社会精英。学校的主体是学生，学校因学生们的出色能力以及对社会的影响力而出名，最终这名誉反哺了学校，这是一个正向循环，是相互成就。

　　尽管有些哈佛学子身上的硬性条件我们无法企及，但真正让哈佛动心的，还是每一个人身上的创造力、学习力、思考方式、思维方式，而这些是最值得我们普通人借鉴的，了解了这些足以让我们与以往有所不同。

◆ 大部分人根本不会学习

在最开始我们讲了"哈佛凌晨四点半"这个以讹传讹的谣言，但不可否认的是，哈佛学生确实是比较刻苦的一群人。然而，我们也往往会有这种疑惑，我们在进行某项学习的时候也是非常刻苦的，为什么却不能取得很好的效果呢？原因在于，哈佛学生除了刻苦之外，还掌握一项本领，那就是学会学习。

学习，是我们很多人的常态，比如处于学生身份、徒弟身份当中，然而除了社会角色的要求之外，生活中我们很多人也都会不间断地学习，读一本书提升思想境界、学习一项技能、了解更多知识，等等。

曾经，一个人一生所拥有的知识的80%是通过在学校学习获得的，只有20%是在工作阶段获得的；而现在恰恰相反，人们能够从学校获得的知识连20%都占不到，超过80%的知识需要在漫长的一生中通过不断学习和实践获得。

那种依靠在学校时学习到的知识就可以应付一切而受用终身的时代，已经一去不复返了，所以学习能力对于已经离开校园的人来说更为重要。

然而，你不知道的是，如果按照哈佛的标准来判断，我们大部分人其实根本不会学习。

你以为拿一本书从头看到尾就是学习？

并非如此。

多数成人在学习时会产生这样的感受：离开校园，进入社会之后，学习能力下降了很多，以前背诵一篇课文、学一种软件技能很轻松，现在学一个英语单词都费劲。于是人们就会产生这样的想法：校园时期，未成年之前才是学习的最佳年龄段，只有孩子才适合学习，随着年龄的增长，学习能力就会逐渐丧失。

实际上，哪有什么学习能力丧失这回事？相信很多人都看过扎克伯格在Facebook上公布的学习笔记，看过这些学习笔记之后我们才会意识到，原来扎克伯格的学习习惯是如此的优秀。相信有些读者也一定看过扎克伯格学中文说汉语的新闻，他以一个成功商业人士的身份，依然能够完成零基础掌握这门"全世界最难的语言"。所以，这世界根本就不存在学习能力丧失的事情，只是有些人，从一开始就没有掌握好学习能力。

从小，我们生活在这样的场景中，如果你一直在玩，父母就会批评抱怨你不学习；但只要你拿一本书看，不管看没看进去，父母就会称赞你。久而久之，我们的脑海里就会形成这样的观念：只要我捧了一本书就是学习。

在学校时，学习就是围绕着课本转，再加上老师的监督引导，以及分数作为衡量指标，相对系统化。而离开了学校之后，这些限制条件都会消失，学习变得更自由，自由过了头也就开始杂乱无章，回归到最原始的状态——捧了一本书就是学习。当然，很多身处学校的学生也会是这样的状态。所以很多人，看似每天在兢兢业业的学习，实际上并没有什么提升，没有大的改变。这不是学习能力低又或者学习能力丧失，而是压根儿就不会学习。

一、学习不是纯粹的输入输出

所谓输入输出，就像搜索引擎系统一样，输入大量的知识，等需要的时候输入关键词搜索就能输出你想要的。这一过程放到人的学习上，就是以记忆为主来获取知识。

也许是应试教育的缘故，也许是受到诸多"过目不忘"的天才影响，许多人存在一种误解，认为学习就是记忆，就是死记硬背。事实上，学习是一个系统化理解事物的过程，需要人体内部多种机能的配合，记忆只不过是其中的一种方式。

学习不单单是记忆文字，努力记住每一个细节，勾画所谓的重点语句，更要在此基础之上，获取新的知识和技能，形成自我理解，提升自我能力。比如，我们认识某一个事物时，不仅要把它的表面形象刻在脑子里，更要理清它的内在结构、形成原因、影响因素以及各种相关方面。通过学习，我们能够转变对事物的认识，加深对它的理解；或是改善我们对这个事物的行为和反应，并且在这个过程中让自己的理解能力、表达能力甚至思维能力都有所提升。

真正的学习，会让人从内而外发生改变。

二、知识是一个整体

学生时期，我们就常听老师说：这个知识点很重要、这是一个考点、这几句话是重点……我们理所当然地认为，知识是"点"状的，是一个又一个可分离的个体，而学习就是记忆这些分散的知识点。

但其实，知识之间都是有链接的，点与点之间存在着数不清的"连线"，知识是一张巨大无比的网状体系，而学习不但是要弄明白单个的知识点，更要构建它们之间的关联。当你从某一方面入手开始学习时，比起一丝不苟地翻看每一页，兢兢业业地记忆每一个重要句子和细节之处，更重要的是要先在脑海里形成清晰的知识脉络，找到核心内容，直接深入最重要的部分，这样才能使学习更高效。另一方面，理清了某一方面知识点之间的关联，形成一张小网，也更容易向相关方面延伸，逐渐汇集成大网，这就是知识体系构建的过程。

三、学习要有"功利心"

在知识匮乏、技术不拥挤的时代，看书即是学习，因为看总比不看强。但是这样的思路，放到今天显然是不可行的。暂不说终身学习的理念，单知识本身就多到足以让你眼花缭乱，所以很多时候、很多人容易被迷惑，即使学到了知识也是对自身没有用处的。

在信息大爆炸的时代，学习不是看一本书，更不是埋头苦读，"为什么学""学什么""怎么学"比学习本身更重要。

两个刚进入职场的新人，其中一个热情十足，斗志昂扬，发誓要在短时间内做出成绩，但他却在不清楚自己工作具体需要哪方面知识的情况下，就找了一大堆理论知识和技能的书籍来读，他花费了很多时间和精力，收效却甚微。

另一个人的学习目的非常明确，他的目标就是一年之内在自己的工作上做出成绩，然后成为项目经理。他投入工作中，遇到不懂不会不熟练的地方，马上找相关的资料或是请教他人，在此基础上通过思考琢磨出解决系列问题的方法，并且他还根据项目经理所需掌握的知识和管理技能，有选择地阅读相关书籍。不久后，他的工作能力就有了很大提升，得到了领导的赏识和提拔。

显然，与第一个新人相比，第二个人更会学习。

如果你不想明白自己为什么要学习，需要的是什么样的知识，应该采用什么样的方式方法，就拿起一本书去读、去钻研，结果往往是白费时间和精力，要么是什么都没看进去，只是从脑海里一闪而过，要么就是懂了不少，却没什么用处。

所以现在的学习不能那么"大公无私"，反而需要的是一颗"功利心"。当然，这并不是让大家少学习，而是有选择性、有目标性地学习。毕竟周围充斥的知识量太过庞大，而我们本身精力又有限，想要精进就只能先选择自己最需要的部分，再慢慢扩增，毕竟知识是无穷尽的。

四、休息也是学习

很多关于睡眠、休息与学习关系的研究表明：睡眠充足的人，学习效果会更好。人们在持续学习超过一定时间之后，学习效果会逐渐下降直至消失。一般来说，连续学习2小时以后，学习效果就开始递减，4个小时后，效果已经非常微小。

可以说，良好的睡眠、适当的休息与高效学习紧密相关，客观看待"刻苦、努力"，不要一味将其归于学习的时长。没有效果的学习，时间越长损失就越大，劳逸结合才是王道，适当的放松休息会让人更有精力、更专注于学习。

此外，在睡眠过程中，人的大脑并没有休息：许多记忆会在海马区和大脑皮层之间传输——海马区中存储着我们的短期记忆，也就是我们新接触的信息；而大脑皮层则记录着我们的长期记忆，也就是我们过去形成的、长期保留的知识体系——通过睡眠，大脑会将新学来的知识和旧有的知识进行关联，将新学来的信息整合进知识体系中。

看过这些有关于学习的理念，相信很多读者就明白为什么同样努力，你却达不到扎克伯格的学习效果了。事实上，哈佛学生强大的吸收知识的能力，不仅仅在于刻苦的努力，更在于他们拥有一套科学的方法，让他们的努力能够事半功倍。

相反，我们很多人并非不努力，而是没有掌握高效学习的方法，从一开始就没有一条线性的努力方向，因此努力的方向是混乱的，也就无法得到想要的学习效果了。

所以，我们必须明白学习最重要的是方法，在方法之后，才是持之以恒的坚持。

我们要明白，学习不是一味地灌输已经存在的知识，而应该是先有一个模糊的思维框架，然后再进行不断地存疑、解疑，要抱着质疑的态度，不断提出问题，辩证地看待所有的答案。真正在学习的人常常会打破自己的以往认知重新树立新的系统，然后再打破再重塑，如此周而复始。

我们要了解，学习不是读几页书、看几个单词，更不是看个新闻、读一本小说，而是应当先制订学习计划，系统地、有目标地去学习，学习的最终目的都是提升自我、改变自我（内在或者现状），不以此为目的学习都是无用之功。

◆ 真正的差距是认知效率

学习中，我们经常遇到或者本身就存在这样的情况：明明跟别人投入了同样的时间和精力，但最终的成效却相差极大。比如，同样认真上课听讲，有的人名列前茅，有的人却成绩平平；同时开始学习与工作相关的技能，一段时间后，有的人能力大幅度提升，而有的人却依旧原地踏步……

这种现象，在大学教育中尤其明显。有过欧美留学经验的读者或许应该记得，美国大学一向是宽进严出的，在全美排名靠前的大学里，学生的学习热情和刻苦程度一点也不亚于哈佛，然而为何整体的毕业生素质还是略逊于哈佛呢？这里就涉及一个关键问题了，这个问题就是认知效率。大部分优秀学生学习效率较低和大部分平庸学生不会学习的原因都在于认知效率过低，因此，提升认知效率就是高效学习的关键。

不管是在学校的学习还是在工作的学习或者日常学习中，我们都会遇到学习效率低、学得慢忘得快、知识焦虑、学不致用的窘境，很多人在学习了很久后，从内到外都没有明显的提升，这就是认知效率低下的表现。

那么如何提升认知效率，逐渐提高认知程度和学习的层次呢？在哈佛的课堂里，我们总结出一条非常有用的经验就是对信息进行分门归类。

学生们要知道信息是有类别划分的，提升认知效率的首要任务就是分配好不同类型的信息比例，从中获取真正能够被掌握的知识。

现代人的学习已经不能单纯用"读书"来定义，智能手机、电脑的普及使得人们获得知识的途径越来越多，知识呈现的形式也更多样化：图文、视频，如此一来，"诱惑性"因素也更多，知识类型更加杂乱，在这样的情况下，人们往往会陷入"虚假学习"中。

我们可以把充斥在身边的知识、信息分为三大类，第一类是娱乐放松型的；第二类是获得知识型的；第三类是提升自我型的。通俗来讲，当你接触第一类的知识时，你的大脑是无须思考的，还会产生相当愉悦的感觉；第二类的知识相对有些难度，需要你动脑去思考，但会让你有所收获，可能是明白了更多道理或者学会了一个小技能；第三类的知识，可以用晦涩难懂来形容，比如卡尼曼博士的《思考，快与慢》，很多人一天只能读两页，还弄不懂到底讲的是什么，这种类型的知识的获取的确会很累，但却能在无形中锻炼自己的阅读能力、理解能力，甚至于提升脑力、学习能力、改变思维方式。

生活中，大多数人的学习是集中在第一类和第二类知识之上的。这样的学习的确能够拓展我们的知识面，让我们更加了解身边的事物，让我们在与人交往时更有话题聊，可是这样的学习对提升自我心智是没有太大帮助的，尤其是第一类知识，甚至会让你走下坡路。正如那句话所言，任何成长和进步的过程都不会很舒服，在学习中如果你处于非常轻松的状态，那么你不是在走下坡路就是在原地踏步。当然，这并不是说我们一定要读很多很多晦涩难懂的书，而是要懂得筛选知识的类型，分配好比例。

识别知识类别后，接下来就是带有目的性的学习。认知心理学在分析了当前人们尤其是成人关于学习方面的心理、目的、行为等方面的特点后得出结论，认为成人的高效学习主要包含四个方面，即：学习动机、目标导向、及时反馈、最近发展区。通俗来讲，就是有学习的动力、学习的内容能够针对性地解决某个问题、学有所用、知识难度适中。

这几点要求恰好与哈佛学生的学习方式不谋而合，哈佛课堂上老师常常会在一节课后留下一个问题，留作下一次上课时提问，且课堂发言的成绩在最终成绩中占有相当大的比例。这样一来，本就热衷于求知的哈佛学子们学习更有着强烈的目标感，在学习了相关知识后，他们就可以在课堂上自信发言，争取得到更高的分数，这一过程实际上就包含了高效学习的四个方面。当然，哈佛的学生们在学习上本就有着足够的优势，这样的教育方式使得他们的学习更加规范、更加高效。

而我们在日常的学习中也应当从这四个方面进行。

明确学习动机，学习动机即目的，也就是说学习是为了什么，考试高分、考证涨薪、提升技能、兴趣爱好，等等，明确学习动机是为了让人们明确学习的具体价值，这样才会更有学习的动力。目标导向则是在确立动机后，将其拆解成具体可知的一系列任务，便于执行操作，比如规定每天必须读半个小时的英语、每天一小时用于画图等。

当你确定了目的，开始学习时，并不是学习相关方面的内容即可，而是要根据认知水平、目的确定学习的知识类型。

第一类的知识，可以作为休闲娱乐阅读，以"储备聊天话题"为目的；第二类的知识，作为充实内心世界、训练实用性技能阅读；第三类，可以提升心智水平、锻炼各种学习能力，这类知识也被称为最接近知识源头（站在人类认知前沿的研究者、思考者和验证者）的内容。知识在传播的过程中会经历多次加工，含金量也会逐渐降低，例如一本著作的译本要比原著更易理解，虽然知识是相同的，但含金量也会低得多。

当然，凡事要讲究循序渐进，不能一口吃成大胖子。比如，刚开始学习时，我们的认知水平不高，对专业性较强的知识理解非常困难或者根本无法理解，那就先从低难度的开始，然后逐渐提升难度，接近源头知识，最终以获取第三类的知识为主。

当我们学习了一段时间后，就要及时复习，自我检查，查漏补缺，加深记忆，这就是反馈。反馈包含两个具体方面：一是检验，最好的办法是通过实践应用，以学习英语为例，当你学了一段时间后，可以跟别人对话来检验学习成果，用以查漏补缺；二是复习，德国心理学家赫尔曼·艾宾浩斯通过实验得出，信息进入大脑之后，遗忘随之开始，而遗忘的速度随着时间的流逝先快后慢，尤其是刚刚形成记忆的一段时间，遗忘率最高，这就是著名的艾宾浩斯遗忘曲线。遗忘曲线揭示的记忆规律表明复习非常重要，但是在合适的时间段复习更为重要，否则即使复习也会没有效果。什么时候是复习的最佳时间点呢？艾宾浩斯记忆法给出了答案，信息进入大脑期限为一小时，在一小时之内回想就能将记忆时间延长，之后最好一天后再回想，三天、五天后再回想。

此外，学习的过程中，还应当注意产生的学习错觉，避免影响检验和反馈。

什么是学习错觉呢？在学习的时候，你有没有过这样的感觉：当看到学习过的页面干干净净时，不仅是别人就连你自己都会怀疑，这些内容我学会了吗？相反，当页面满是笔记、重点记号、划线标识时，就会觉得自己学得特别好，而当你合上书做一个简单的自测，就会发现掌握的知识远远没有自己想象的那么多那么牢固，而这就是一种错觉。

之所以会出现这种错觉，是因为看懂了不等于学会了，学会了不等于消化了，消化了不等于会应用。看懂和应用是两种不同的能力，两者之间的差别可以简单地用一个教学理论概括——最近发展区。最近发展区就是从一种能力到下一种能力之间可以挖掘的进步空间。

我们在学习的时候，往往是从关键字词、重点语句入手，比如提到"市场营销"这个名词，很多人脑海里会出现商品、交换、销售等，甚至有的人就简单将其理解为"卖东西"，总之他们会觉得自己对这个词非常理解，但要将含义完整地叙述出来，却很少有人能做到，这就是熟悉感造就的学习错觉。

为了避免这种情况的产生，在复习检验已学习的内容时，不要在心里凭感觉判断掌握程度，可以通过两种方法：一是向他人解释论述，二是进行自我提问，将完整的答案念出来或者写下来。

明确了以上内容，认知效率将会大大提升，学习也将在短时间内卓有成效，当然这只是高效学习方法中的一小部分内容，真正高效的学习还离不开思维的方式。

第一部分

哈佛思维法：深度学习从转变思维开始

第一章

提问式思维：有效提问让学习真正发生

◆ 你是学习者还是评判者

问题是思维的起点，是自主学习意识的体现。善于提问的人，往往是学习主动者、温故知新者，他们拥有更强的学习力。可以这样说，提问式思维，是主动学习、主动思考的前提。

主动学习、主动思考的能力是现在乃至未来社会所需要的。现在多数人开始意识到"提问"的重要性，也通过各种途径培养或者加强自身"提问"的意识，认为只要具备了"提问式思维"就能成为真正的学习者，与别人拉开差距。

提问，的确是主动学习的重要一步，但是，并不是所有的提问者都具备积极进步型的提问思维。有一些问题的提出是毫无意义的，反而会对学习产生消极作用。

曾服务于多所世界级名校机构包括哈佛大学在内的提问式思维法首创者梅若李·亚当斯（Marilee Adams）博士表明，在问题的提出上，人们有两种思维模式，即"学习者"和"评判者"。

何为学习者？何为评判者？简单来说，两者的根本区别在于积极和消极，在于思维的活跃程度。

学习的过程可以说是了解洞察曾经以更好地指导当下和未来的过程，这期间，人们势必要对曾经的种种进行关注。对于学习者来说，对曾经的关注重点落在"学习"上，追求的是多种可能性，提出的问题是积极的，对未来充满期待；而对于评判者来说，他们的重点落在对曾经事件的评判上，以消极为主，提出的问题多为批评和指责，容易沉溺于所失，担心意外出现后，后果由谁承担，自己是输还是赢，是获利还是受损。

例如一个创业者，由于决策失误而陷入危机时，如果他具备的是学习者的思维，就会对过去的种种行为进行透彻的分析和反思，并从中发现失败的原因，再结合前人的经验和实际情况提出创新性的疑问，再进行解答，从而更好地度过危机，而他也将从中获得新的宝贵经验；若他拥有的是评判者思维，就会始终纠结于犯过的错误，一遍遍提出质问性的问题：为什么当初要那么做？为什么不能谨慎一些？因为他始终在意的是自己的所作所为带来了怎样的负面影响，而不是着力去突破已经存在的困境。

同样，对于一个考试不理想的学生而言，学习者思维会让他找出错题的原因，不遗余力地去弄懂，以便下次考试不再犯同样的错误，而评判者思维会让他后悔恼怒，只关注错题带来的失败感受，而不去寻找正确的答案。

除了学习和工作，积极的提问式思维在生活领域也有广泛应用。

晚上将近十二点，一位妈妈好容易将孩子哄睡着，楼上突然传来一声响，这位妈妈瞬间恼怒起来：楼上在干吗？十二点了还不睡觉？这两个问题一浮现，她的火气更大了。

所幸宝宝并没有被吵醒，看着孩子熟睡的脸庞，她突然想到了自己曾经看过的关于"提问式思维"的文章，仔细一想便从中获得了启发。

自己的那两个质问式的问题，无疑是加重了自己的恼怒情绪，并没有实际的意义。自己发火无非是害怕孩子被响声吵醒，但实际上孩子睡得很熟，并没有受到影响，为什么还要生气呢？换个角度来说，即使吵醒了，事情已经发生，再发火也无济于事，反而有伤自己的身心健康。

正确的方式应该是怎样的呢？"我如何跟他们沟通，既能阻止类似的情况再次发生，又能不伤害两家的和气？"这样的问题才是最应该提出来的，它不仅代表了如何解决已经发生的事情，又可以让人们主动去学习与人相处沟通之道，但多数人却都跟例子中的妈妈一样，最先想到的是质问，是生气。

这样看来，消极的提问式思维也可以和经济学中的沉没成本联系在一起，当人们因过去的失误、过失、损失而陷入悲伤悔恨愤怒的情绪中，而不断提出消极式的问题时，其实又是损失的开始，一味地沉溺只会投入更多时间、精力成本，使得付出和收获越来越失衡。消极的提问远比没有问题提出的结果更负面，然而消极的提问往往是人类的本能，在遇到本就不乐观的情况时，人们的思维也会变得不乐观，都想着推卸责任，发泄不满，于是质问就成了常态。实际上，在这样的情况下，更应该把注意力放在解决问题和减小损失上，而积极的提问正是及时止损的关键，能够将人们从泥潭中捞出，站在平地审视全局，从而解决问题。

可见，思维模式、提出的问题类型是多么重要，换个角度，结果就截然不同。

按照哈佛的教学特点，学习不仅仅是在课堂上、书本中，真正的学习也不是埋头苦读，而是从日常生活中、从身边的一切事物中发现价值，获得新知，毕竟我们谁都不希望看到世界级高等学府出来的优等生在社会中却是个低能儿。

重要的不是你在哪里，你的身份是什么，社会角色是什么，而是你是否拥有学习的意识和能力，而这要从转变思维方式，从转变提问题的形式开始。

◆ 哈佛课堂的对话式教学

哈佛对教育的目的是这样解释的：教育就是为了让人不断提出问题，并在此基础上不断思考问题。

走进哈佛课堂，我们可以看到的是全然不同于讲授式的教学模式。实际上，尽管很多人没有机会亲自到哈佛大学体验，但通过各种网络课程，甚至在不少外国电影中都可以了解到美国知名大学的课堂教学形式，比如电影《先知》(《神秘代码》)中就有这样一个片段：

男主人公的身份设定是大学物理系教授，他在课堂上开口说的第一句话就是："今天我们要讨论的话题，将成为你们论文的主题，主题就是万物的随机性和决定论，谁先来？杰西卡？"教授还没说完，一个叫杰西卡的女同学就迅速举起了手，教授示意她说下去。

镜头转到讲台下的学生们，他们坐得很随意但注意力很集中，当杰西卡发言时，大家都不约而同地扭过头凑近倾听。

"决定论说的是自然界中所有即将发生的事、正在发生的事或者说自然规律的必然结果，也就是说一切皆有原因。"杰西卡自信地说道。

"没错，这就是决定论的观点，"教授说着走到模型架前，拿起一个"太阳"的模型，接着说，"斯班塞？说说太阳。"然后将"太阳"使劲丢给了坐在后排的斯班塞。

"它很热。"斯班塞捧着太阳说道。

"很精辟。"教授挑眉评价道。

"表面温度在1万华氏度左右，"斯班塞盯着手里的"太阳"继续说，"而核心温度有2700万华氏度。"

"不错，"教授示意斯班塞把"太阳"丢给他，接着又抛给前排的一个女同学，"斯塔西？说说它的组成。"

"大部分是氢，还有氦和一些碳、氮等。"斯塔西说道。

"非常好，现在，我要你们想象这样一种理想状态，将这团高高在上的大火球，"教授说着从斯塔西手中接过"太阳"，大步走到模型架前，取下"地球"模型，一手放一个平行托起，"放在一个距离我们蓝色小星球的最佳位置上，恰好能使生命演化，能让你们安然坐在这里聆听这堂生动的讲课，这想法很有意思吧，不是吗？所有的事情都有原因，而有了这个原因它必然发生，但同时又有一种与之相对的理论，"教授将模型归位，接着说，"偶然性理论，它的观点是万物皆巧合，我们的存在仅仅是一连串不可避免的、复杂的化学反应和生物突变的结果，既没有目标，也没有意义……"

当然，电影场景跟真实的课堂肯定有所出入，但基本模式不会相差太多，上述片段中的教学方式实际上就是哈佛课堂上最典型的教学法——苏格拉底式教学法（又称苏格拉底法）的一部分体现。

苏格拉底法又称"产婆术"，是一种对话式的教学方法，正如电影片段中呈现的那番。普遍来讲，苏格拉底法共分为四个步骤，即"讽刺、助产、归纳、结论"。

开始，从学生常见的事物或者已掌握的知识入手，教授抛出问题，引导学生讨论和回答，学生可以反驳老师及其他同学的观点，甚至可以随时展开辩论。待学生回答讨论后，教授会接连不断地提出问题使得学生陷入矛盾和自我怀疑之中，迫使他们承认自己观点的错误以及知识的匮乏，然后教授再提出转折性的问题，再度频频发问，进一步启发和引导学生通往正确的方向。

在这样的课堂中，教授的作用不是讲授知识，将课本上的理论原理一股脑儿塞给学生，直接将答案告诉学生，而是通过提问的方式让学生自己思考并得出结论，获得正确的原理。这样的过程不仅对于学生是有益处的，同时也能锻炼教授的思维，是一种师生相互激励、共同探索答案的方法，可以说每一次上课都是一次思维的冒险，学生和老师的思维都是极其活跃的，课堂氛围也是轻松而融洽的，师生都不必中规中矩、一板一眼，但都表现出绝对的兴趣和注意力。

苏格拉底法与讲授式教学法的根本区别就在于，学生不是被动灌输知识，而是主动学习，自发思考，自主探索正确的答案，其可贵之处就是能够激发学生的求知欲、学习的主动性。

苏格拉底法是诸如哈佛等知名学府的主要授课方式之一，教授常常以一连串的问题作为开场并贯穿整个课堂，问题涉及的方面广泛而深入，看似毫无联系，实则密切相关。教授有可能故意提出、抛出有误导性的观点，学生意识到后可以反驳、辩论，提出质疑，教授再总结引导。不管是教授直接抛出问题，还是刻意引发学生提出问题，其目的就在于通过问题，使得学生的大脑高速运转，激发学生的思维反应。

基于这种方式，学生的提问意识会越来越强，能够对自己所接触的看似理所当然的事物保持质疑的态度，而不是毫无想法地欣然接受，能够不断发现问题、提出问题，甚至可以通过独立思考、分析以解决问题。

可以说，正是提问诱发了学习的主动性，培养学生们的提问式思维正是哈佛的教学目的之一，从课堂开始锻炼其解决问题的能力。

◆ 如何培养提问式思维

穆尔是个大哲学家，在哲学理论方面有着杰出的成就，也是一名受人尊重的师者。

有一天，同是哲学家的朋友罗素问他，谁是他最好的学生。穆尔听了这个问题，微微一笑，毫不犹豫地说："维特根斯坦。"

罗素问他原因。穆尔说："因为维特根斯坦有着无比旺盛的好奇心，总是有着问不完的问题。在我的所有学生中，维特根斯坦问我的问题最多，提出的高质量问题也最多，只有维特根斯坦一个人，在听我的课时脸上总是会露出迷茫的神色。"

维特根斯坦被穆尔所看中的特质，就是哈佛大学不断强调的提问式思维。一个人只有具有提问式思维，才能够不断去试图探索未知领域，才能够在某个领域有所建树。

维特根斯坦不断地提出问题、思考探寻，在哲学这条道路上不断进步着。果然到后来，维特根斯坦的成就甚至超过了罗素，成为20世纪最有影响力的哲学家之一。这时有人问他为什么能够取得如此巨大的成功，维特根斯坦回答说："可能是因为我仍旧有着无穷的问题要问，而罗素却再也没有问题！"

那么，哈佛大学如此看重的提问式思维到底是什么呢？

提问式思维简单来说就是对产生的现象、已有的知识、理所当然的事情都有所疑问，通过提问让大脑去思考、去探索。看过哈佛大学在网上发布的一些公开课的读者应该会了解，在大量的课堂上，哈佛的教授们都会问一些开放性的问题，这些问题没有什么标准答案，目的就是引发大家的思考，从而让大家产生更多的问题。

现代社会，不管是孩子还是成人，所谓的学习无非是课本上的知识理论、专业的技能、才艺乐器，等等，从根本上来说，都是一些公式化的、机械化的流程和步骤。

在这一过程中，人们很少有自己的想法，或者即使有也会因为各种原因而否定，这种单方面的灌输其实就是被动学习，缺少质疑和提问的意识，这样一来，人们就会越来越不会提问。

提问，有什么重要性可言呢？人们往往热衷于解决问题，却不曾想到提出问题要远比解决问题重要得多。试想，解决一个问题或许用到的只是本身已具备的知识、经验、技能，而提出一个问题却可能是创新的起点，一切的进步的本源都是问题的提出。

在这个飞速发展的时代，事物瞬息万变，任何事物的产生和消逝都是飞快的，所以我们必须要不断学习和进步，才不至于被落在最后。但是如果我们还用之前那种海绵吸收式的学习方式，很难精准获得有效的信息，而提问式思维恰好给人们提供了一种新型的学习方式。

具备提问式思维的人或许不会成功，但没有提问式思维的人注定会被时代抛弃。在信息繁多、知识复杂的今天，单纯的被动式学习已经无法快速满足人们的需求，唯有变被动为主动，才能快速精进，而提问就是主动学习的开始。

那么如何培养提问式思维呢？

一般在什么情况下，我们会提出问题呢？不知道但想要知道的时候。

关键在于一个"想"字。在宇宙中，人是极其渺小的，尽管我们潜入了海底，飞到了太空，但其实相较于未知，我们已知的东西要少得多，这说的还是全人类的知识储备，放到个人、放到普通的我们身上，所具备的知识更是少之又少。可以说，我们不知道的有太多太多，但是为什么我们并没有常常提问呢？那是因为有很多事情我们不知道，也根本不想知道，这就是缺乏好奇心的缘故。所以，好奇是提问的第一动力，想要培养提问式思维，就要有一颗充满好奇的心，当然，你无须对所有的事情好奇，专注一个领域即可。

　　妈妈正在厨房做饭，小男孩跑过来问："妈妈，月亮上有什么呢？"妈妈回答道："我也不知道，你为什么不自己上去看看呢？"小男孩听了妈妈的话就开始蹦跶起来："我要跳到月亮上去。"后来，小男孩长大了，成了一名宇航员，并登上了月球。他就是登上月球的第一人——尼尔·奥尔登·阿姆斯特朗。

　　故事的真实程度有待考证，但是提问的力量却是毋庸置疑的。当你有问题产生时，就说明你对此是感兴趣的，而兴趣又是学习的最好引领者。

　　人类的好奇心在年幼时是最为强烈的，对于家长而言，一定要呵护孩子的好奇心，重视每一个因好奇心产生的问题。

　　这也表明，提问不是胡乱问问题，天马行空的瞎想，而是提出那些你真正从心底里感到困惑的，想要了解真相的问题。

　　或许有人会问，我现在早已经不是小孩子，好奇心本就不强烈，又该怎样培养提问式思维？

　　这种情形之下，可以从日常的学习、工作、生活入手，引导自己提出问题。

　　假如，你的身份是一名学生，在上课时，不要一股脑儿地将老师的话都记下来，重点写下那些自己不懂的问题；做练习题时，学会举一反三，一题多解，每当做完一道题时，有意识地问问自己还有没有另一种解法；课下，能够将课堂上的知识与实际生活联系在一起，针对现象提出问题，做到活学活用。

当年龄逐渐增加，而好奇心逐渐减弱时，最重要的就是要有提问题的意识。到了一定年龄，人们已经具备了一定的认知能力，不会像孩童时提出各种光怪陆离的问题，从日常出发，结合自身，多提出相关的问题，一来可以帮助自己培养提问式思维，二来也可以使得学习和工作有所进步。当然，适当旅行、接触新鲜的事物也是非常有必要的，可以使得思维更加开阔，对好奇心的培养也很有帮助。

具备了提问的意识后，要对问题有一个大概的分类，定义"胖瘦问题"。

所谓"瘦"问题，是指非黑即白，有固定答案，且可以轻松找到答案的问题。这些问题可能不常见，身边的人也可能不知道，但借助于工具（搜索引擎）就能很快找到答案，无须深入探讨。

"胖"问题，顾名思义，包含万千，它也许并不复杂，但是没有固定答案，因人因情况而异，有多种可能性；也许答案固定，但需要层层筛选，步步推理得出；总之，不管哪种情况，一旦提出时，都需要探讨一番。

"胖"就是需要提出和重点关注的问题，并且在剖析的过程中还可以提出更多有深度的相关性问题。有了"胖瘦"的概念后，就要更多地提出"胖"问题，认真思索解决。

另一方面，问题也有好坏之分，好的问题能够让他人一眼明白是谁产生的，解决的重点在哪里，而坏问题则会让人一头雾水。"问题的好坏"则代表了提出者的思维层次。

一个人提出了在学习上存在的问题：如何提高阅读效率？这其实就是一个坏问题，那么好问题的形式是怎样的呢？如下：

作为一个销售工作者，我如何提高有关提升销售能力类文章的阅读效率？

作为一个准备晋升更高职位的人，我如何提高管理类书籍的阅读效率？

这样一对比，是不是就很清楚了，因为问题的产生者是谁非常重要，面对的对象不同，解决的策略就不一样。

在问题提出之后，千万不要一味地向别人索取答案或者借助其他工具查询。

实际上，所有问题的提出最终目的还是要解决，但是提问式思维注重的不是结果，而是解决的过程。

可以这么说，一个问题就是一次学习的机会，一次思考的机会。如果忽略过程直接获得答案，那么这样的机会就会被浪费，提问的意义也将不复存在。问题的确被解决了，但是个人的相关能力并没有得到锻炼。

比如，有的孩子一遇到不会做的事情就去问爸爸妈妈；很多学生在做题时，一遇到不会的问题就去翻答案；同样很多成年人遇到问题也会直接进入百度、知乎搜索。

当第一次通过这样的方式找到答案时，那种既省时间又不费脑力的轻松感会使人产生效率高的错觉，心情变得愉悦，久而久之就会依赖成瘾，一遇到问题就想着通过捷径解决，成为一个不会动脑的人。

当我们通过自己的努力去寻找答案时，或许不会很快解决，但却是自己动脑，独立思考，这一过程中，我们的大脑和思维会得到锻炼，即使问题没有解决，这个过程也是真实发生了的，如此自身的能力便会随着问题数量的增多而逐渐增强。

提问式思维，之所以能够使人们在不知不觉中变得更优秀，更全面地认识自我、了解整个世界，主要原因就是其背后蕴含的主动性。主动学习，才能称得上有效学习；主动思考，才能称得上有价值的思考。

◆ 提出假设，突破思维困境

很多时候，我们在分析解决问题时，会没有思路，陷入死胡同，像在迷宫中来回打转，找不到出口。这是因为已知的确定的条件太少，或者存在误导性导致的结果，这样的情况下假设、假设型提问就成了一种突破困境、解决问题的途径。

哈佛大学在进行教学的时候，非常重视学生们对于假设的运用，在哈佛的头脑工具中，假设几乎是应用最广泛的工具，为什么会是这样呢？其实这是由科学研究的性质决定的。

我们都知道，很多实验原理没有办法通过实物实验来验证，只能在大脑中进行头脑实验，而头脑实验的重要工具就是假设。

被称为"科学狂人"的澳大利亚科学家巴里·马歇尔，就曾用提出假设的方法证实并解决了医学中的一大难题。

1982年，马歇尔和其合作伙伴罗宾·沃伦对100例接受胃镜检查即活检的胃病患者进行了研究，最终证实胃炎与幽门螺杆菌的存在相关，而在这一过程中，他们还发现这种细菌还存在于大多数胃溃疡患者、所有十二指肠溃疡患者、约一半胃癌患者的胃黏膜中，为此他们提出了胃癌是由幽门螺杆菌引起的假说，后来进行的大量研究的结果也支持这一猜想。但当时，主流观点却认为消化性溃疡是由情绪性压力及胃酸引起的，马歇尔"细菌引起胃溃疡"的说法直接挑战了这一主流学说，随之而来的便是漫长的反质疑与验证。马歇尔主动要求医界科学家向他提出挑战，证明他是错的，还曾为证实这一假说，以身试菌。

最终，这项具有划时代意义的假说经过二十余年的时间，终于被权威认可，马歇尔也于2005年获得了诺贝尔奖。

马歇尔这种不屈服权威，敢于质疑的精神值得我们学习，但同时更应该看到假设的作用。

当然，科学实验是假设法运用得最为频繁和极致的方面，日常生活中我们遇到的问题不会像科学实验这般未知、严谨，但是却也常常陷入思维迷宫，找不到解题的思路，因此也常常需要借助假设法来解决问题。

比如，学生在解答应用类的问题时，常常会陷入困境，不知何解，这种情况下，运用设未知数的方法就能够使复杂的问题变得格外简单。

比如，在电脑上某个软件无法安装或者使用时，我们会提出几种可能性的情况，一一进行分析，最后找到真正原因，并解决问题。

比如各种科学实验中，都需要提出假设，一一分析验证，得出最客观准确的结果。

……

这些其实都是假设法的运用，在哈佛课堂，假设法也是常被提及和使用的方法之一。在教学的过程中，教师往往抛出一系列问题让学生作答、讨论、辩论，如果面对教师的问题，学生们没有思路，教师就会给出引导性的提示，这种提示往往就是假设，在学生们思维极其活跃的情况下，教师也会提出假设型的问题给学生们设置难关，锻炼他们不断突破思维困境的能力。

总的来说，假设法适用于两种情况：一是干扰选项过多，导致无从下手；二是思路不明朗，不知从何切入。第一种情况，假设的作用就是进入每一个选项之中，探究分析其可行性，演绎推理，实验认定，一一排除，很多科学假说的提出就是如此。第二种情况，要先抛开问题本身，从相关性入手，提出假设性问题，开阔思路，发散思维，进而打破困局。

或许会有人问，假设的提出跟学习有什么关系？

实际上，苏格拉底教学法的目的就是为了培养学生的逻辑思维能力和分析解决问题的能力，也就是说，学习有效与否的标准，并不是掌握了多少硬性知识，而在于你的思维能力是否在学习的过程中有所提高，是否具备了解决问题的能力。

举个非常简单的例子，假如有一个问题涉及某一篇专业的历史研究文章，当即让你背下来，你肯定办不到，但是你却能够很快找到解题的重点。也就是说，知识并不是让你死记硬背的，而是要为解决问题提供思路和渠道。

假设的提出正是将知识活用以解决问题的一种体现，也是逻辑思维能力强化的一种表现，同时又能促使这样的能力再度提升得到锻炼，这不就是学习的结果和本质吗？

那么，在学习过程中我们如何进行假设呢？经过对哈佛教育的总结，我们得出以下三点：

首先，为了培养提出假设的习惯，可以不必额外进行大量的准备和研究。拿出纸和笔，尽可能地写下你对一些问题的初步设想。

其次，为了证实你提出的初步假设，就需要你对它们逐一进行分析。这一过程中要做的就是深入挖掘并理解相关材料，以便让假设得到充分的思维验证。

最后，不要抱着自认为知晓答案的态度去思考。受个人能力和经验所限，假设仅限于初始阶段，只有抱着求知的学习心态，思考假设的结果才能对学习有所帮助。

不仅仅是个人的学习，全人类的进步都离不开假设的力量。太空漫步、海底遨游、生命探微等，得益于假设的力量，人类在过去的半个世纪中对世界的探索、了解和利用程度，超过了以往全部人类历史时期的总和，人类的智慧在假设中无限延展。

所以，不管是在系统的学习中，还是在日常的事件中，遇到问题，没有思路时，不妨使用假设性的提问，开拓思维宽度，找到突破口。

◆ 用问题树代替知识树

在哈佛大学认知心理学提出的高效学习方法中，有一个记忆编码理论时常被用到，那就是构建知识树。

在上面提到过，人们对知识存在着误解，认为知识是分散的，以单个知识点的姿态出现，而学习就是记忆这些分散的知识点。这是一种错误的观点，记忆知识是学习中的一个步骤，而最为关键的也不是死记硬背，而是知识点之间的链接。

哈佛在培养学生的时候，着重地教导学生将知识点链接起来的能力。要知道，当单个的知识点之间以某种形式联系起来后，松散的知识点就会变成牢固的知识晶体。知识晶体是知识点之间的一种稳定有序的架构。

在哈佛高效学习法中，我们能学习到一些比较常见的知识晶体结构，它们有：

树状结构，指包含、层级关系，如标题目录。

序列结构，指因果、顺序、逻辑关系，如流程图。

关联结构，指存在相关性，如金字塔结构。

数据结构，指形象展示数量差异的结构，如各种图表。

知识晶体实际上就是将知识有规律地连接在一起，决定了调取知识的能力，也是普通人和高手的差距所在。

哈佛教育机构的相关研究指出，信息编码方式决定了记忆效果。简单来说就是大脑对信息的加工程度，深层次的加工是一种编码方式，浅层次的加工是另一种编码方式，深层次加工比浅层次加工更有利于知识的记忆和提取。

事实上，大脑对信息的加工程度很难衡量和定义。不过，当你获取新的信息时，如果能够将其与之前的记忆建立联系，那么就达到了有效的深加工，这一过程的系统做法就是构建知识树，即将获得的新信息与大脑中已经存在的记忆逐一建立联系，这样就能将短期记忆转化为长期记忆，知识树的各个节点之间都有紧密的联系，每一个节点的建立都是一次深刻的思考，将单个的知识点交织成一个整体，不易遗忘且易提取。知识树一旦构建完成，即使获得的信息非常多，也不会感到杂乱无章，反而会使知识之间的关系越来越密切，条理越发清楚，不同的知识枝杈之间或许也能产生联系，如此便能够融会贯通、触类旁通。

知识树可以看作是知识晶体的集合，或者一个庞大的知识晶体。

通过知识点与知识点之间的联系进行学习，更容易记忆和理解，印象也更深刻，不会轻易忘记。

不过，在当下高度变化、多领域跨界整合的时代，知识树的思路似乎已经无法满足人们的需求。比如，不少人会存在这样的困惑，我们明明学了非常多的知识，为什么遇到的问题还是一点没变少，为什么明明很努力，问题还是反复出现，这就是知识焦虑的表现——学习的速度远远赶不上问题出现的速度。

很多时候，我们可能学习了很多，但能够用于解决问题的却很少，知识树就像一张满载答案的纸，当我们试图对照着答案一个又一个将问题解决掉时却发现，可对应上的问题并不多，且答案有时候并不那么理想。

所以，当前背景下，我们需要从可能的问题出发，学习那些用来解决问题的知识，如此才能事半功倍，实现高效学习。

以问题为中心去学习，将知识树以问题树代替。当然，问题树中的问题不是随随便便，随手拿来充数的，它必须是真实存在于工作学习中，且对你本身有着深刻影响的，换句话说，这类问题一旦解决将会带来很高的价值，最后一点，问题必须是有解的，是能够通过学习思考解决的。

问题树的构建不单单是表述问题这么简单，除了定义问题是什么外，还要有问题解决的标准、可能遇到的障碍和难关、解决问题的方案、相关性问题、延伸性问题。每一个问题的陈列都需要有以上内容，指向各个领域的知识，这可以称之为问题晶体，而问题树就是诸多晶体的集合，且一个问题可以再向外延伸产生新的问题和指向，而新的问题又可延伸出相关问题，如此一来，问题树就会越来越庞大，将不同学科、不同领域的知识联系在一起，形成知识网，而这些知识能够有针对性地解决已存在的和即将产生的甚至意料之外出现的问题。

此外，以问题为中心的学习，能够让我们更轻松地获得更多知识晶体。

知识树的构建，实际上就是将知识记忆、思考、整合这一过程的循环往复，当然，当你的学习已经达到构建知识树的程度时就足以称得上高效学习，不过这样的学习再精深也是自我知识的消化提炼，说白了就是将自己肚子里的学问不断加工精简，升华为更高层次、更有价值的知识。

而当你面临一个问题，想要找到最好的答案时会怎么做呢？必然是通过各种途径获得各种可行的方案，除了自己思考之外，还可以借助他人的力量，通过某种方式，获取他人有价值的答案，再整合提炼最终达到目的。在这样的方式下，就不再是个人知识的加工，而是多种知识的交融升华，并且他人的想法也会对你的学习形成激励作用，比如很多时候我们在给别人讲解某个问题时，会突然思路大开有了更好的答案。此外大量优秀知识的融合会碰撞出更多有价值的事物，致使群体智慧发生质的跳跃，这种学习方式被称为联机学习。

所谓联机学习就是把很多人的学习资源、思想汇集在一起共享讨论，通过与他人交流，获取和整合他人更多更好的知识、学习方法、问题答案等。这种学习方式是效率最高且收获更多的，尤其是跨领域的联机学习，当交流的人群来自不同的领域时，思考的维度和学习的成果将更多元，思维水平、认知水平会加速提升。

当然，联机学习并不是那么容易的事情，由于汇集的知识非常广泛，有的人即使身处其中也不能消化吸收为己所用，那是因为缺乏提问和整合的能力。提问的目的是让人快速发现最有价值的信息，而整合则是将很多有价值的信息有规律地联系在一起形成自我记忆。

将构建问题树与联机学习结合在一起，就能够通过问题汇合自身与他人的学习资源，实现更高效的学习，不仅能够快速获取知识，更能有效解决问题。构建问题树的最终目的是彻底解决问题，减缓新问题出现的速度或者杜绝相同问题的反复出现。

第二章

批判性思维：批判思维让学习更加深入

◆ 真正的批判性思维是什么

在美国，批评性思维已经成为各个高校的核心教育理念之一，不只是哈佛大学，美国的诸多高校甚至小学不仅开设专门的批判性思维课程，而且还在具体的学科教学中融入批判性思维训练，借助课程教学潜移默化地培养学生的批判性思维。

批判性思维究竟是什么？很多人存在这样的观点：批判性思维就是对一切想当然的事物保持质疑，对一切现成的定论持怀疑的态度。这显然是一种片面的看法，一种误解。

哈佛大学教授爱德华·格拉泽于1941年阐述了自己关于批判性思维的看法："批判性思维包含认真考虑问题和事情的态度、逻辑推理的知识和运用逻辑推理方法的技能，一个具有批判性思维的人能够依据证据去质疑真理和知识，并具有进行逻辑推理以及分析和评价的认知技能。"

为了反对而反对，从来不是批判性思维的目的。

批判性思维是一门综合性极强的思维训练课程，与心理学、语言学、论辩学、哲学等学科相互渗透，相互关联，它不是一种专门为了反驳他人而存在的诡辩术，更不是教人成为故意找碴儿的"杠精"。

在崇尚精英教育的西方大学里，学生之间的辩论赛是最常见的一种课外活动，哈佛大学也不例外，哈佛每年都要举办很多各式各样的辩论赛，其中最著名的就是哈佛高校辩论邀请赛。按照很多网友的说法，这些辩论赛就是比赛抬杠，但真实情况绝非如此。

在辩论赛中，我们能够看到缜密的思考、逻辑严谨的陈述以及多种看问题的观点，而这些的根源都是哈佛着重培养的批判性思维。

在一次哈佛假期辩论营中，来自中国北京、上海的学生也受邀参与，几场辩论赛下来之后，主办方哈佛辩论委员会就表示，与美国学生相比，中国学生的知识储备根本不成问题，所欠缺的就是批判性思维。

批判性思维，我们可以简化理解为一种逻辑清晰严密的思考方式，拥有批判性思维的人在决定自己要相信什么或者开始做什么时，往往会进行合理的反思性的思考。可以这么说，批判性思维使人更具理性，而不可否认的是，中国的教育在理性的培养上面确实稍有不足。

人的思维有着极强的局限性，这一点使得人们常常不能客观地看待事物、得出结论，而真正的批判性思维，就是要让人们意识到自己思维的局限性，通过思维训练，熟练运用更多思维方式，在思维的过程中持批判态度，无限接近事情的真相，以公平公正的态度得出和对待结果，能够做到具体问题具体分析，不断打破思维的局限性。

中国一些著名的故事，就是能够体现"批判性思维"的绝佳案例，比如"买椟还珠"。

楚国一个珠宝商人，想把他的一颗珍珠卖个好价钱。于是，他就找来能工巧匠用名贵的木材雕了一只匣子，用珠玉和翠鸟的羽毛来点缀，用肉桂和山椒制成的香料来熏制，使之散发出清香，然后小心翼翼地把珍珠放入匣子，再拿到集市上去卖。

一个郑国人到楚国来游玩，看到匣子如此美观，问明了价钱之后就爽快地买了下来。然而，郑国人没走几步又退了回来，楚国人以为他反悔了，却没想到郑国人拿出匣子里面的珍珠还给了他。

这个故事常常被人们用来形容"舍本逐末"，"只重外表（匣子），而忽略内涵（珍珠）"。并且，寓言中的郑国人也成了"愚蠢"的代名词，而楚国人的举动则是"喧宾夺主"，徒劳无功，掩盖了珍珠本身的价值。

我们大多数人从了解这个故事开始，就对其传达的内涵深信不疑，认为郑国人愚蠢至极，肤浅至极，也嘲笑楚国人白忙一场。但有些人并不这么认为，他们的想法是这样的：

商人的目的是提高收益，降低成本，楚国人就是通过包装来实行产品促销，他能够把包装制造到如此精美的程度，使郑国人甘心归还珍珠，从而大大降低成本，手段实在高明；

郑国人压根儿就不需要珍珠，或许人家家里珠宝成山，比这颗好的珍珠多的是，而像这样精美的盒子却很稀少，所以珍珠对他来说远没有这个盒子的价值高。

我们已然明了真正的批判性思维是什么了。总结来说，就是辩证地看待一个事物一件事情，依靠个人意识判断真伪，不盲目附和权威，也不为了反对而反对。

多数人认同的不一定是绝对正确的，少数人坚持的也不一定是真理，有的问题或许本就有很多答案，每一个都有支撑的依据，没有绝对的错和对，只有你自己选择相信什么。

批判性的思维方式，能够使人们打开思维的宽度，拓展思维的深度，对问题、论述、证据等进行辩证性的思考，从而提出或形成自己的观点和为人处事的态度。它不一定必须判断出哪个选项是对的，哪个选项是错的，但是一定能够让我们更具包容性，认识到事物的多个不同方面，保持开放和进步。

比如从买椟还珠的故事中，我们既明白了注重内涵，做事要恰到好处的重要性，同时也了解了经济领域中包装的重要性、需求和价值的关系。

批判性思维能够使我们区分事物表象和本质，使得一个人始终保持独立而理性的思考，不会盲目信服权威或者盲从附和，对接触的信息始终抱着审慎的态度，懂得发现和分析问题。生活在信息异常繁杂的今天，为了有效地使用信息，我们需要去伪存真，筛选、思考和判断出真实有用的信息，需要具有批判性地阅读、聆听、观察、沟通、演讲和写作的技能，而做出选择判断和思考的有效方法和过程，就是批判性思维。

◆ 独立思考，自我探索的乐趣

哈佛大学2018年秋季进行了一次教程改革，教程改革在提倡与时俱进的哈佛大学的历史上非常常见，而从这一次教程改革上，我们或许能够看一下哈佛教育之所以受人青睐的原因。这次改革的内容是，哈佛大学要开始实行全新的通识教育课程体系。

通识教育这一理念起源于古希腊的自由教育思想，美国各大高校经过一百多年的改革和实践使其不断完善。而其内容通俗来讲就是对学生实行的非职业性教育，其目的可以用"培养全人"来表示，但又不能理解为一般意义上的"通才"。

通识教育的英文是"Liberal Study"，字面意思为"自由教育"，即让人们秉承着自由的精神学习思考，自由地发挥个人潜质，自由地选择发展的方向，自由地表达交流。通过这样的教育，引导人们自主思考，为生命的成长确定方向，为社会做出贡献，让人们对自己的判断和观点有自觉清醒的认识，在表达时有说服力，阐明观点时有道理，鼓动时有力量。

自由的另一面即独立，批判性思维要建立于独立思考、自我探索、自由表达之上，正如陈寅恪定义大学精神的第一要义为：独立之精神，自由之思想。

哈佛教育是如何体现这一要义的呢？

有一位名叫尼塔·佩蒂格鲁的学生曾有幸到哈佛大学深造，从他的回忆中，我们可以窥见最真实的哈佛通识课堂。

第一堂课上，教授就给出了一项令人匪夷所思的作业：观察月亮，提出问题。台下的学生们是来自美国各个顶级高中的教师，有的甚至已经从业多年，我们对此颇有微词：来哈佛深造就是为了看月亮？

不过既然是作业，即使有怨言也不得不做。于是我们开始观察月亮，记录看到的场景，并构思问题。在这一过程中，我们惊讶地发现，原来自己对月亮的了解少之又少，因此不得不为问题的构建而绞尽脑汁。

最开始，我们提出的问题都非常表面化，比如月亮何时升起何时落下，跟季节的关系是怎样的，为什么有的时候天亮了它还挂在天上，它是从什么地方升起的……带着这些问题去观察月亮，并把它的状态画下来，然后将这些笔记带到课堂上，一起讨论分享，并提出自己没有想明白的问题，共同钻研，教授就听着我们讨论，时不时给我们一个提示性的问题。

一段时间后，我们有了明显的变化，一是对月亮的观察更细致，认识更深，二是提出的问题越来越复杂严谨，不再浮于表面。

某一天，我带着一个关于"月亮自转与公转的问题"走进了教室，教授让我上台演示自己的观点，我先在白板上画了几幅含有太阳、月亮、地球的图，边想边说，同学们和教授都在全神贯注地听着，我十分享受这种被聆听的感觉。

我说着说着，突然思路陷入了一个死胡同，这时候教授说："如果用这个手电筒还有这个橙子来解释，会更容易些吗？"于是，我找了两个同学帮忙，我是太阳，他们分别是地球和月亮，我用自己的理解控制着身体行动，慢慢地，我越来越有种感觉——答案就在周边徘徊。似乎过了很久，教授拍了拍我的肩膀，示意让我休息一会儿再思考，我边想着边回到座位上，拿出笔记本开始涂涂画画，继续思索着这个问题，我甚至可以感觉到答案就在眼前，呼之欲出。正在这时候我的同桌说他已经知道答案了，然后自顾自地给我讲起来。我知道他是想帮我，但是我的内心突然有了满满的怨恨和防卫意识，他是要窃取我的宝贝、我的财富。我独自思考、积极探索的即将知晓的答案、对问题的理解就要被他抢走了，我绝不允许！"闭嘴！"我脱口而出。

事实上，尼塔分享的这一段经历，揭示了哈佛课堂是如何引导学生独立思考的。通识课的核心就是培养批判性思维，而批判性思维的前提就是独立思考。

人类的大脑和思维存在一种"偷懒"本能，这也是大多数人拖延磨蹭、得过且过、不爱动脑、学习效果差的本质原因。很多时候，当我们面临一个棘手的问题时，第一想法往往是逃避、选择性无视，最好能找到最简单的方法、捷径或者依靠他人去解决。

比如，在学习中遇到难题时，一些人的做法是这样的，思考了一会儿感觉没有思路，便想着看看提示，于是就去翻答案，到最后索性按着答案抄，久而久之就会养成一遇到难题就去翻答案的习惯。如果是依靠这样的方式做题，再次遇到同样的问题时，还是不会做。相反，那些独立思考得出答案的人，就会记忆深刻，再遇到相似的问题就不会被难倒。

在不进行思考的情况下，人们的思维就变得极其不可靠，思维能力得不到充分发挥。思维陷阱的共同特征是，总是给人以快速获得答案的希望。想要摆脱这样的状态，唯有思考，独立思考。

思维是有层次之分的，当人们以较低层次的思维学习处事时，常常依赖直觉，善于自我蒙蔽；当人们以较高层次的思维学习处事时，会辩证地看待各种问题，更容易接近事情的真相，而这一过程依赖的就是独立思考。

人类为什么会有"偷懒"的本能？因为"懒"可以带来愉悦、舒适的感觉，所以不思考也是大脑最喜欢的状态。哈佛课堂引导独立思考的关键就是让学生们体会到思考带来的乐趣和成就感，思考的过程就像培育一朵花，过程不易，有艰辛有困境，但花开的霎那就会发现一些努力都是值得的。然而很多人却等不到那一刻就果断放弃了，在他们的眼里，思考是痛苦的甚至是没有用的，这样的人势必与批判性思维无缘。

那么如何让自己的大脑习惯性地进行思考呢？体会到"乐趣"是关键，然后再将这一过程反复，将愉悦的感觉不断加深，久而久之大脑就会倾向于思考。

在平常的学习生活中，我们可以这么做：在自己感兴趣的领域构建或者寻找值得探讨、没有明确答案的问题，有意识地将身边的事物与正在学习的知识联系在一起，促使大脑随时开启思考模式。

遇到难题时，不要着急寻求答案，先把答案丢得远远的，最好是能够找人监督自己，几个人一起讨论，遭遇思维困境时，还可以为对方提供思路。千万不要一时懈怠就翻看答案，让自己冷静下来，沉浸于问题之中思索答案。当然，实在没有思路时，可以通过请教他人等方式获得提示，切忌不要将答案和盘托出，一定要进行独立思考，锻炼思维的独立性，等你依靠自己的努力探寻到答案时，那一份喜悦和激动是无以言表的。当你真正依靠自己探索到答案时，就会发现其实思考的过程并不痛苦，在你快要得出答案时，如果有人说他可以直接告诉你答案，相信你也会像尼塔一样甩出一句"闭嘴"，这便是独立思考的乐趣。

当然，你也要学会判断问题的难易程度，依据你本身的学识认知程度，如果是远超于你能力之上的问题，独立思考是没有乐趣可言的。但无论如何，想要拥有批判性思维，首先就要学会独立地思考。

◆ 通过辩论，锻炼批判性思维

之前我们讲过，哈佛是一所非常重视思辨的学校，表现就是在哈佛内部有各种各样的辩论活动，而辩论作为一种思维活动，无论对于思维的发展还是学习习惯的培养都是非常重要的。

在哈佛大学的批判性思维课上，教师的职责不是讲授，而是维持讨论的热烈进行，这也是哈佛大学课堂的常态。哈佛大学四大著名的教学方法中都无一例外包含着辩论的成分。

在苏格拉底法中，辩论的双方多指教师和学生，教师通过一系列问题给学生压力，学生用所学知识给予反击，教师再引导学生接触新知识，探索新原理，打破原有认知，两者之间实际就是一种辩论的状态。

在习明纳法中，学生在教师的指导下，以研究小组的形式对某一个问题进行探讨。这种方式以学生讨论为主，通常定期聚在一起，不分课上还是课下，在这个过程中，常常会进行辩论。

案例教学法是基于真实的情景或者事件，让学生通过团体、小组以及角色扮演的形式展开讨论，案例多与经济、企业经营相关，意在让学生们站在实际经营者的角度，阐述和维护自己的观点并互相讨论学习。

在模拟教学法中，教师会安排学生设计布置逼真的场景，并根据场景进行角色扮演，身临其境地探究相关问题。比如模拟法庭，学生们会就一真实案例，扮演原告、被告、法官、证人等，从言行举止到语气表达都贴合实际，根据剧情进行符合各自身份的辩论。

哈佛大学为什么如此青睐辩论呢？

哈佛大学辩论队前任教练同时也是哈佛辩论委员会的联合主席及全美演讲与辩论联盟的顾问斯特芬·波斯卡德（Stefan Bauschard）曾说，美式辩论对学生的学术素养、批判性思维、升学及个性方面都有全面的影响和帮助。有不少哈佛的学生表示，他们在大学的很多知识都是通过本科四年的辩论活动获得的，由此可见辩论的重要性。

实际上，我们也可以将学习辩论化，通过辩论使得学习更加深入，把知识理解得更透彻。

不要只顾着埋头学习，低头做笔记，在课堂上你可以勇敢地发言，提出不同的观点，激起他人的反驳，来一场讨论；你也可以找几个朋友围坐在一起，就某个知识点或现象各抒己见；当然，你更可以去参加专门组织的辩论赛，与对手较量几个回合。

脱离课堂的日常学习时，你尽可以设置一场辩论赛，找几个合适的朋友加入其中，甚至你可以假想出一系列对手，将书的作者、理论的提出者都当成你辩论的对象，从亚里士多德到孔孟，从高尔基到鲁迅，还有牛顿、开普勒、居里夫人等，只要你想，他们都可以坐在你的对面，这其实就是将学习辩论化的过程。

不要一字一句研读书上的内容，每学习一段都要提出一个反驳型的疑问，多问一个为什么，再接着读，看看作者是如何解答的，如果仍旧没有找到答案，可以扩展阅读与作者相关的书籍，或向他人请教，真正弄懂一言一句背后的真相。

中国儒家经典《礼记·大学》中有这样一句名言："致知在格物，物格而后知至。"由此还提炼出一个成语"格物致知"，意思是"探究事物的原理，从中获得心得或智慧"。然而我们的学习往往是将这两者的顺序颠倒的——先致知再格物，因为课本上书籍上，一般都是把前人的研究成果直接摆上来，而不谈或轻描淡写研究的过程。

借用电影《银河补习班》中的一句台词：要学习的不仅仅是知识，还有思想和方法。

当然除了学习之外，也可以在放松时看一些辩论节目、逻辑性批判性强的电影，锻炼自己的逻辑思维。在观看的过程中不要光想着"看热闹"，多动脑，多学习，有时候一个画面背后是无数个故事，全凭你自己去想象。尤其是国外电影，通常喜欢"不明说"的表现手法，比如科幻电影《普罗米修斯》第一部和第二部，有很多人直呼看不懂，但也有很多人可以从一个镜头中解读出许多内在的含义，以逻辑严明的语言分析了影片所构建的宏大世界观。所以，学习可以体现在很多事情上，关键在于你在做某件事情时的目的和心态是什么样的。

那么如何做一个合格的辩论者呢？学识、经验的积累是必须的，想让思维多角度延伸，就要在此之前开疆拓土，扩展知识面。

辩论，不一定非要面对面你一句我一句的针锋相对，只要你的脑海中有不囿于标准、不屈于权威、不止于表面的想法和相对应的科学的丰富依据，就意味着你已经进入了紧张的辩论之中。

◆ 总结，也要带着批判的眼光

　　不管是工作中的学习、生活中的学习还是纯粹课本上的学习，都离不开总结，学习需要通过不断总结来提高。可以说，总结是一种不可忽视的学习方法，更是一种智慧，是普通人与高手之间的差距。

　　总结对于学习至关重要，不过在弄懂如何总结之前，我们先要搞明白为什么要总结？

　　总结是一个整理、提炼的过程，也是吸收和进步的最好办法。无论是工作、学习还是生活，适当地回顾过去，对某一阶段的经验和教训进行总结是十分有必要的，这既是为了对过去进行反省，找出不足，也是为了更好地开拓未来。

　　实际上，一些人根本就没有重视过总结，往往做一件事情就是一件事情，学一个知识点就是一个知识点，做完了、学会了就过去了；也有很多人具备总结的意识，但是缺少总结的技巧，结论堆砌，看似涵盖广泛，实则缺少针对性，对自我提升并没有帮助作用。

哈佛非常提倡学生生活的多样性，哈佛的课堂不只是在教室，不管学业多么繁重，学生也会把时间分一些出来留给社交和娱乐。绝大多数哈佛学子都会参加各种各样的社会活动，他们遵循劳逸结合的学习方式，同时也讲究从实践中获得真知，所以他们不是读书机器，在学习的同时还能够锻炼自我的社会技能，也使得学到的知识更加全面和牢固。

书本上的知识尚且需要总结，与之相比，实践中的知识更零散琐碎，没有那么系统化，因而总结就变得更为重要。

哈佛的精英们是如何总结的呢？他们和普通人的总结有什么区别呢？正如那句话所说，高手的厉害之处就在于，同一件事情他比你更善于总结，做得多了他便能自成套路。

哈佛精英们的总结，并不是单纯得把表面化的知识归结到一起，一个类型划分一类，相关的放到一起，他们总结的重点往往是放在学习的方法和感悟之上。

规定的情景1：总结一周的学习。

普通人的总结：

我本周学习了什么内容，哪些内容可以归到一起产生联系，哪些是重点，哪些我学得不够透彻……

哈佛精英的总结：

最难的问题是哪一个，共有几种解法，相似的问题还有哪些；本周我用了什么样的学习方式，效果如何，我的学习计划为什么有几项没有完成，生活中遇到的哪些问题与学习的内容相关，在解决问题时我采用了什么样的思路和方法，还有没有更好的；教授说的哪些话让我受益匪浅，哪些话我有自己的看法……

规定的情景2：总结一周的工作。

普通人的总结：

本周我共完成了哪些工作，哪些工作我完成得很好，我从中收获了什么，锻炼了什么样的能力……

哈佛精英的总结：

过去的一周，哪些工作完成得有些吃力，我需要提升什么样的技能；在工作中我运用什么样的方法节省了不少时间；在做方案时，我用了什么样的思路，和上司的差距在哪里……

现实中不少人会把总结理解为知识的集合、写材料、列数据，这完全背离了初衷，总结的目的在于获取有价值的经验。什么样的经验更有价值？失败的经验、解决疑难问题的经验，总结的关键环节就是敢于直面问题，带着批判性的眼光看待过去一段时间的经历。

然而，人在意识到自身存在的问题时，第一时间会掩饰、推卸或者逃避，这是本能反应。总结也意在锻炼人们不逃避问题的品性，正确的总结会让人们越来越从容地面对自己的问题，把握解决问题的命脉。也就是说，真正会总结的人不会将所有的学习过的知识、经历过的事情一一列举说明，也不会去做一份有理有据、首尾俱全的报告，而是有选择性地过滤，只留下最有价值的信息，如学习、工作的方法，解决某一类型问题的套路等。通过这一系列的揣摩加工，再结合他人的经验，最终摸索出一套适合自己的系统性方法，提升自己的思想境界。

总结在精不在多，如法国著名作家福楼拜所言："无论你所要讲的是什么，真正能够表现它的句子只有一句，真正适用的动词和形容词也只有一个，就是那最准确的一句、最准确的一个动词和形容词。其他类似的却很多。而你必须把这唯一的句子、唯一的动词、唯一的形容词找出来。"

从某种意义上来说，总结既是客观的观察，也是高度的概括，必须保证"含金量"。而决定"含金量"的正是你在总结时是否具备了批判性的目光。就像前面所讲，真正的批判性思维不是扭曲黑白，为了反对而反对，而是指能够在繁杂的信息海洋中判断、选择、筛选、去伪存真，最终获得有效信息的过程和方法。

学习的过程需要批判性思维，总结同样也离不开批判性的眼光，唯有如此才能提取和吸收最精华的部分，实现高效学习。

◆ 运用批判性思维解决问题

学习、工作、生活中，我们总会遇到这样的情况：明明这个问题已经出现过，明明已经采取了解决措施，怎么类似的问题又出现了呢？同一个问题，一而再，再而三地出现，有的时候真的很让我们怀疑人生。

掌握解决问题的关键，与学习是否高效有着密不可分的联系。不只是书本上的学习，也不仅仅是数学这一个科目，生活的方方面面，各种类型的学习，都需要具备完整的解决问题的思路，这不是固定的方法，而是一种上升到思维方面的要义，教你在遇到问题时，应该从哪些方面、哪些角度去思考。

在前文已经提到，问题有好坏之分，但是我们遇到的问题不可能全都是好问题，一方面是因为提出者本身的思维层次，另一方面是因为某些问题本身就很容易混淆。因此，遇到这些类型的问题时，我们可能会被表面迷惑，误入歧途，陷入不可突破的困境，这时候就需要运用批判性思维进行分析，弄明白问题本身到底是什么。

也许会有人问，解决问题不才是重点吗，为什么要花费那么多精力关注问题本身？其实只有弄明白问题究竟是什么，才能够快速解决。正如爱因斯坦所言："如果给我一个小时解答一道决定我生死的问题，我会花五十五分钟来弄清楚这道题到底是在问什么。一旦清楚了它到底在问什么，剩下的五分钟足够解答这道题了。"

哈佛大学物理系教授尹希如此说道，不管是复杂的物理学问题还是其他方面的问题，解决的突破点就在于问题本身。那么，我们应该怎样去研究问题呢？总结哈佛学习法，我们需要分两步去做。

第一步，我们要确定问题是为谁而解决的。换句话说，有时候你并不是提出问题的源头，服务的对象不同，解决的方法就不同。在日常生活中，不管是帮忙还是职责所在，都不免会出现为别人解决问题的情形。对于这一步，我们以一个简单例子来讲解。

某幢写字楼物业处近段时间接到了不少投诉，都是关于电梯的。原来，这幢写字楼的租户大多都是小型公司，尽管还没有满员，但每天来往的人却非常多，原有的电梯已经无法满足用户的使用需求。

这个问题怎么解决呢？大多数人最先想到的也是最简单的方案：再建造一部电梯。从表面来看，这无疑是最直接又能解决问题的方法。

但其实解决的方案还有很多种，比如提高电梯运行速度、重新安排租户的楼层分布、鼓励爬楼梯、让业主错时上下班、限制入楼总人数等。但这么多方案，哪一个才是最合适的呢？如果你的第一想法是再增加一部电梯，那么你无疑掉进了陷阱，结果就是费了大力气，问题可能没解决好。

怎么解决呢？首先按照上面所说进行第一步，即确定要为谁解决问题，是谁投诉的，要让谁满意？

为什么很多人的第一解决方案是再造一部电梯呢？那是因为看到这个问题，他们的定式思维直接将其定义为电梯使用者提出的，但如果投诉者是业主呢？再造一部电梯的方案显然是不可行的，因为没有业主会希望平白无故给自己增加费用支出，这时候"增加租金、鼓励使用楼梯"无疑就成了好的解决方案。在确定了提问者是谁后，解决问题的出发点就会发生改变，思路也更加清晰起来，同一个问题，站在不同人的角度，答案就会不一样。

第二步，在进一步分析时，采取问题—现实—理想—本质，这样的思路思考问题。

比如某人在学习中常常遇到本质相同的问题却一错再错的情况，就可以这样来分析：

问题：这件事情太难了不会做怎么办？

现实：简单的会做，事情稍微一变就没有了思路。

理想：如果能够做到不论难易都会做就好了。

本质：找到难易事情的联系以及掌握变化的一般规律。

分析出问题的本质后，据此再去学习、寻找解决方案，就能够彻底解决。

我们在遇到问题后，不要直奔答案，先要判断问题，分析方向有两个，一是问题的真正服务对象，二是解决的根本目的，然后借由其中一个或者两个方向判断出问题的本质，之后尽可能多地提出解决的方案，最后选择最合适的一种。当然，我们在提问时，尽量将服务对象的身份以及目的直接表述出来，这样会节省很多时间。

遇到问题，不被定式思维诱困，不直接奔向答案，从多个角度分析探寻真相，这正是批判性思维的正确运用。

第三章

深度思维：没有深度思考，勤奋毫无意义

◆ 没有深度思考，一切努力都是白费

曾经读到这样一段话：

你写PPT时，阿拉斯加的鳕鱼正跃出水面；你看报表时，梅里雪山的金丝猴刚好爬上树尖；你挤进地铁时，西藏的山鹰一直盘旋云端；你在会议中吵架时，尼泊尔的背包客一起端起酒杯坐在火堆旁。有一些穿高跟鞋走不到的路，有一些喷着香水闻不到的空气，有一些在写字楼里永远遇不见的人。

为什么你在苦哈哈地学习、卖力工作时，同龄人已经过上了你理想中的生活？是因为你和理想生活之间，差了无数次深度思考。

哈佛大学约翰逊（T·Johnson）教授认为，人必须时时刻刻进行思考，今天我们所处的时代总是让人感到陌生和压力，甚至恐惧。

而深度思考能够使我们战胜愚昧和恐惧，在积极的思考中勇敢面向未来。

深度思考可以说是当今社会稀缺但又极其重要的一种能力。那么什么是深度思考呢？有人将其定义为不断逼近事物本质的思考。深度思考有什么样的用处呢？联系学习工作遇到的问题，就能一目了然。

读者可以回想一下，你是否曾经遇到过这样的情况：

一件事情、一道题，你看了一遍觉得很简单，可是真正动手的时候却一塌糊涂；

想搞明白一个问题、弄懂书中的内容，却始终找不到头绪，脑子里一片混乱；

某个问题，去咨询相对专业的人员，可他们给出的建议大同小异，且没有实质性的帮助；

领导让你做一份简单的报告，你翻阅资料，废寝忘食，可是改了好几次都没能达到领导的要求。

这一系列情况出现的原因就是没有进行深度思考。总结来说，这就是为什么一些人在实现目标的路途上常常磕磕绊绊，一些人在交往时总是不顺畅，还有的人遇到问题不能顺利解决，学习没有效果，工作没有成效。

在大多数人的印象中，勤奋才是打开成功大门的钥匙，一切的优秀都离不开勤奋刻苦，好成绩需要，好的工作业绩也需要。

勤奋的确很重要，但是比勤奋刻苦更重要的是思考，没有思考作为前提，一切努力都是白费。试想，如果学习只学表面，再勤奋又有什么意义呢？只不过是掌握了更多的表象知识，但凡变化一下形式，又不知所以然。

处理问题只看表面，效率高又有什么用呢？治标不治本，问题出现的频率终会超过处理问题的速度，其中消耗的人力物力财力又该如何计量。

没有深度思考，人们往往会停留在事物的表面，被表象所迷惑，看不到本质，陷入思维定式中。

有一家牙膏厂，产品质量好，包装精美，很受顾客欢迎，营业额也连续十年递增，但到了第十一年业绩便停滞下来，此后两年甚至还有减少的趋势，于是公司高层召开了会议，专门讨论这个问题。

会议中，总裁表示谁能解决这一问题，就奖励10万元。重赏之下，大家纷纷发表自己的意见，有的说多做些促销，有的说包装再创新，但是都被总裁一一否决了，这时候，一个年轻经理递给总裁一张纸条，总裁看过后，马上签了10万元的支票给了这位经理。

只见，纸条上写着：将现在的牙膏开口扩大1毫米。

每天早晨挤出同样长度的牙膏，若开口扩大了1毫米，每个人就多用1毫米宽的牙膏，那每天多出的消费量将是一个庞大的数字！

公司立即更改包装，第十四年时，公司的营业额就增加了32%。

大多数人面对这一问题，自然而然就会从最常见的方面开始考虑。事实上，任何事物的发展都会到达一个顶峰，然后进入瓶颈期，这时候常规的方法是无用的。当然，很多人无法意识到这一点，上面的例子中的人也是如此，只有那位经理经过深度思考想到了另辟蹊径的方法，利用人们已经养成的习惯，无形中增加牙膏的使用量，真是一个既简单又有效的方法。

当然，这只是一个很简单的例子，不过反映出来的道理却是深刻的。不进行深度思考的人很容易会被思维定式困住，在迷宫里打转，这时候的努力无异于徒劳。而进行深度思考的人能一下子看到问题的本质，快速准确地解答出来，这也是为什么有的人轻轻松松就能学得很好。很多表面上复杂的问题，本质是简单且一致的，所谓"万变不离其宗"，只要抓住了本质，就能轻松处理一系列问题，做到触类旁通。

人类进化史中的"用进废退"原则不仅适用于肢体，对于大脑和思维同样适用。越是深度使用，越容易变得更强大，习惯之所以难以改变，就是因为在不断进行自我巩固，每次去执行，都是一种加强。

通过学习和探索，人们的层次在不断提升，但人类的极限是未知的。在本我之上始终存在更高层次的自我需要学习的内容，面临的问题等级也许在不断加强，而深度思考能够帮助人们持续探索，给予回答，也会使得人们在面临挫折和困难时更加清醒和从容。同时，当人们通过自己的深度思考，明白某个原理或者解决某个问题时，那种极致的成就感是无法形容的，其带来的幸福感也不言而喻。

当人的大脑思维处于较高水平，习惯深度思考时，其他的一切努力都将事半功倍。深度思考就像数字"1"，努力则是"1"后面的"0"，努力的程度决定了学习能力、工作能力、学习效果的强弱，但是没有深度思考作为前提，再多的"0"也无济于事。

◆ 了解思维定式，躲避思维陷阱

在了解哈佛高效学习方法时，我们意识到深度思考的重要性，不过，想进行深度思考却不是一件简单的事情。有的时候，我们认为自己思考了，但其实并没有达到深度思考的程度。想和思考是两码事，很多时候我们都会被无意识的思维定式困住，仅从表面想想，就以为得到了答案，停止了下一步的思考。

可以说，思维定式是阻碍深度思考的一大重要因素，而大多数人都存在思维定式，看到一个问题就习惯性地将以往的经验、框架往里套，希望通过捷径快速解决，结果却是背道而驰。所以在开始深度思考之前，我们需要先了解这些思维定式，判断自己具备的是哪种类型，以便在思考时有意识地控制自己不掉入陷阱中。

思维定式在人们阅读、写作、检验、分析解决问题时常常会出现，阻碍了深度思考的进行，导致学习没有达到预期效果，问题不能有效解决等。哈佛精英们也会遇到有思维定式的情况，例如PayPal（美国一家在线支付服务商）早期参与者之一的肯尼·豪厄里在面对如何推广PayPal的时候，就曾经陷入"绕不过媒体这一关"的思维定式。

思维定式不只是一种类型，在总结哈佛学习方法时，我们了解到常见的思维定式一共有九种。而我们要做的就是了解这九种思维定式并寻找到破解它们的方法。这九种思维定式可分为三个层次。

一、初级思维定式

（一）满足于普通解释

遇到问题只停留在普通的解释，一般性的意思或者解决方法上。比如，在"学习效果不理想"这件事情上，普遍的解决措施是，更努力并找对方法，但是如果真正的原因是缺乏学习的动力，就算是找对方法，制订了多种计划，也很难坚持下去。这种情况下，感受到学习成果带来的快乐才是促使学习更有效的真正方法，比如学到的知识很快能够派上用场，或是在同学面前高谈阔论享受了被瞩目的感觉，或是被领导赏识，或是帮助了他人等。

满足于普通解释的根本原因就是将问题的产生原因和解决方法归于大众所认同的一般形式，而忽略了具体到个人的真正原因。

（二）因果倒置

因果倒置指的是人们将现象本身直接作为解决的方法，而不去理会其背后的本质。比如在学习英语时，有一个单词总是写错，于是人们就会直接提出最简单的解决方案：多写几遍就好了。将不会写归结于写得少，乍一看似乎没有毛病，但其实问题的重点不是"不会写"而是"总写错"。这之中的原因可能是太粗心，也可能是根本没有理解含义和用法，所以记忆不深刻，如果单以多写几遍作为解决方法，可能并不能解决问题。

二、中级严峻定式

（三）范围适应

表示从事物所处的范围中定义原因，是依据一系列相同事件发生而产生的主观性印象。举个生活中的例子，每当有交通事故发生时，人们的第一反应往往是："女司机吧?"如果司机真的是女性，人们就会摇摇头"怪不得"。可能是现实中女司机开车发生的事故率稍微高一些，或者关于女司机出事故的报道更多，所以人们从主观上就将性别与事故联系在一起，这就是范围适应，或者说标签效应更合适。人们往往会根据自己听到的一些言论或者看到的一些表象，不经过思考就随意给事物或人贴上标签。

再举一个学习上的例子，比如有的男生作文、阅读理解总是做不好，人们也会将原因归结于性别：男孩擅长理科、女孩擅长文科。当然这可能跟身体内部机制相关，但并不都是如此，有的男生可能仅仅是因为没有认真阅读文章、文学类的书看得太少导致的，跟性别没有什么关系。

总之这种范围适应，会让人们下意识找到最表象的原因，而忽略本质，也忽略问题解决的最佳方案。

（四）依赖框架和经验

在学习中，我们会接触很多工具、框架和模型，比如图表、分析方法、管理工具、智能软件等，它们的确在很大程度上提升了我们学习、工作的效率，使我们的行为更有条理，但是也会让人们仅仅停留在这框架中止步不前，不再进行下一步的思考。

比如，在使用SWOT法分析了某企业的优劣势、面临的威胁和挑战后，就感觉自己已经很了不起了，且脱离了这种分析法，也不知道接下来该怎么思考。

又或者，有相似的案例做铺垫时，能够分析得头头是道，否则就没有思路。

框架或者他人的经验只能作为辅助思考的工具，且只能是某一阶段，并不能依靠此得到答案。

（五）执着于初级假设

什么是初级假设呢？简单来说，就是刚接触某个现象时，提出的假设性条件或者根据情形想当然地提出一个假设。执着于初步假设，就是不判断外界环境的变化以及其他的影响因素、意外情况，仍旧以最初假设的情景为主去分析问题。

例如，经济学中有一个被称为"吉芬难题"的现象，1845年爱尔兰发生饥荒，作为普通家庭主食的土豆价格一再上涨，但需求量却未减反增，而当其价格下降时，需求量却随之减少，英国经济学家吉芬发现了这一现象，称其为"吉芬难题"。之所以说它是难题，是因为人们在刚知道这个现象时，很难理解，因为根据需求定律，商品的需求量随其价格上涨而减少，成反比关系，这样看来吉芬现象无疑是一个例外。后来，经济学家吉芬对此做出了解释：土豆价格上涨，人们购买力下降，土豆虽然涨价但作为最低档品，相较于其他食物的价格还是低出很多，人们只有选择购买土豆才能填饱肚子；当土豆价格下降时，人们花费很少一部分钱就能满足所需，于是就会把更多的钱投入到更高档的食品上来提高生活质量。

大多数人无法理解的原因就在于思维沉溺于最初假设：商品都是符合需求定理的，但事实却并非如此，吉芬现象正是一种特殊情况下的特殊产品。

人们往往会在潜意识里为某个现象、问题规定一个由学过的知识或经验搭建的场景，无意识地陷入没有经过思考的假设之中，从而无法理解或解决。

（六）思考停留于关键词

认知心理学中提到人们在学习时会产生一种错觉，误将熟悉当作知道。举例来说，你在学习某节内容时，做了很多笔记，划了重点，就觉得自己学得很好，但是合上书进行自我检验时，就会发觉忘记了很多，而这时候，如果你脑子里有某个知识点的关键词闪过，你就觉得掌握了这个知识点。

这就可以看作是止于关键词，脑子里闪过关键词并不代表对知识的掌握，相反你可能连完整的字面意思都复述不出来，更别说理解了。

在学习、工作中，很多人都存在这样的情况，习惯于用"关键词"来解释和解决某个现象和答案，其实重要的不是关键词，而是得出关键词的思考过程，只有存在这个过程，你才能知道自己是否真的掌握了所学，得出的关键词是否符合真实情况、能够针对性地解决问题。

三、高级隔绝定式

（七）偏离思考初衷

思考往往是有针对性的，需要弄清楚搞明白某一个问题时才会思考，通过各种途径去收集有用的信息。但很多时候，我们在寻找、思考的过程中会因为干扰因素而偏离方向。

比如，我们翻阅一本书是为了写文章而找寻几个理论依据，可是在深入阅读的过程中却渐渐迷失在其他信息中，而忘记了最初的目的。

这种情况下，虽然我们也获得了一些知识，但并不能解决当下的问题，反而耽误了时间，而有些知识是具有时效性的，在某个时期用不上，可能就再也派不上用场了。

（八）偏重过程

所谓偏重过程，就是错把执行程序计划当作思考。比如我们想学习一种专业知识或者技能时，可能会制订学习计划。学习了一段时间后，当别人问你："学得怎么样了？"你的回答也许是这样的："我每天计划看两页书，然后做专项练习，到现在差不多学了一半了。"这就是典型的把执行当作思考，过于偏重过程。

看似很精准的回答实际上是完全没有经过大脑思考得出的。同样一个问题，如果你的回答是："正在按照制定的计划进行，到目前为止我掌握了最基础的理论，比如××，实际运用也进行了一些，比如××。"这表明你是经过认真思考的，这样的答案才言之有物。

（九）思考具备依赖性

在前文已经提到过，独立思考是非常重要的，而现实中多数人的思考却常具有依赖性。

比如在读文章时，当作者阐述自己的观点时，身为读者的你很容易跟着作者的思维走，在不知不觉中自己懒得思考，对读到的内容深信不疑。但实际上，那仅仅是作者本身的一种看法，并不代表事情原本的样子。你完全可以有自己的思考和看法，带着批判性的眼光去看待所读到的内容。

人们接触到文章，不乏这样的，整篇文章、整本书论述一种机制或者阐述解决某种问题的方法，着重强调积极方面，说得非常厉害。但真的有那么厉害吗？方法真的适合你吗？这都是需要自己思考判断的，有时候适合大多数人，却不见得对你有用处。

因此，在阅读时，一定要在充分理解作者的论点和相关的论据后，客观地思考论据是否能够证明论点，是否有混淆视听的情况。

◆ 专注，深度思考的前提

思考说起来简单，执行起来却相当复杂烧脑。有时候我们即使能够识别自己存在的思维定式，有意识地躲避思维陷阱，也可能无法进行深度思考。

比如，对书中作者观点有疑问，但自己却想不出个所以然，这是知识储备欠缺导致的。想要思考，就必须有东西去思考。当人们处于一个自己不擅长的领域时，即使想展开思考，因为专业知识的匮乏，思想高度不允许，也就会变得有心无力了。

而相较于丰富的知识储备，还有更重要的一点，那就是专注力。

缺乏专注力是深度思考的一大阻碍，然而在这样一个推崇"快消"的时代，很多人会觉得将太多注意力和精力放在一件事情上是十分奢侈的行为，专注力普遍缺乏，那些应运而生的快消型产品就是最好的例证。

但学习、思考最需要的就是专注力，哈佛就十分看重学生们的这一能力。

作为哈佛新生，进入学校之后，面临的第一道难题就是从学校划分的八大领域共计400多门课程中选出32门作为四年的主要学习方向，他们需要在几乎全人类的知识中选择，面对如此浩瀚的知识盛宴，哈佛学子在兴奋之余更多的是困惑不安。

最大限度地学习最有用的知识就成了哈佛学子的普遍渴望，如此专注力就不可或缺。何为专注力？专注力就是将身体和心智蕴含的能量连续不断地输入学习当中，针对一个问题锲而不舍，不去幻想捷径，不去找寻技巧性的方法，有的就是将注意力集中到一点，做自己想做的、该做的、要做的事情。

学习时要心无旁骛。然而，这不过是理想情况下的状态。现实中，分心才是人类的本能。有时候优等生和普通生、成功者和普通人之间的差别，更多体现在专注力上。哈佛学子的优秀，除了一些先天优势之外，更源于他们对学习的专注，对知识的执着。

哈佛商学院工商管理系的科比教授（W·C·Krib）曾说过这样一个例子：在文理学院，有几个爱搞恶作剧的男学生，最常做的一件事情就是一起盯着做实验的女同学，有的女同学在中途会感觉到有人在注视着自己，于是开始脸红，心神不宁，注意力无法集中在实验上，最终手忙脚乱，不断把实验用品打翻；而有的女同学则会一直聚精会神地做实验，将全部的注意力放在自己正在做的事情上，压根儿注意不到他们的存在，恶作剧也就没什么意思了。

这就是专注力的不同。有的学生先天条件可能一般，但却总能取得好成绩，就是具备强大专注力的缘故；而有的学生天资聪颖，思维活跃，但学习效果却很差，这就是缺乏专注力的缘故。当然，不仅是在学校的学习，校园之外，专注力也一样重要。很多人总是嘴上喊着要学习，真到学习的时候，还没看两句，没学两个单词，就会被其他的事情影响。在学习的过程中，极其不专心，注意着周围一切的变化，看似学习的时间很长，实际真正学到的东西却少得可怜。

所以时间长短并不等于学习效果的好坏，专注力对学习效果有着决定性的作用。正如哈佛教授莱特给予学生的那句忠告："三心二意地坐一天，不如一心一意干一小时。"

如此看来，高效学习的又一关键就是专注力的提高，唯有如此，才能开启深度思考，获得知识的精髓。

如何提升自己的专注力呢？科比教授也给出了一些建议。

比如，在学习和思考之前，先在情绪上做好准备，也就是告诉自己要开始学习了，并且进行预习。在上课之前把要讲的内容好好看一遍；发言之前把自己准备的材料论据在脑海里过一遍；阅读时先翻翻大纲目录，对书中的内容有一个大概的认识。

生活需要仪式感，学习、读书同样也需要，这种仪式就像是出发前的准备活动，告诉大脑，我们要开始思考了。

再有一点，带着问题进行学习、阅读。上一堂课、读一本书、练习一件事情前，都要问自己一个问题——我要从接下来的学习中获取什么？或者说我的目的是什么？找几个论据、弄清楚一个理论还是找到实际可行的方案？不要随便拿起一本书就看，也不要盲目从众，别人学习什么自己就学习什么。只有知道自己想要什么，才能静下心来，把注意力集中在一起。

然而，也会出现这样的情况，比如有的人是带着问题开始学习的，劲头十足，可是在学习了一段时间后开始不耐烦，很容易受到外界影响，到最后干脆放弃了。这是缺乏激励，导致学习动力一再消磨减弱导致的。针对这种情况有一个小窍门，就是记录学习时间。当某项学习告一段落时，写下起止时间，一方面能够让你看到学习的成果，另一方面也可以使你心安理得、完全放松地休息。毕竟适当的休息、休息的好坏与专注力也有着密切的联系。

例如，我们可以在看完并读懂某本书其中一章的内容后，将所用的时间记录下来，还可以给自己布置任务，规定时长，给自己施加一些压力，适当的压力不但可以大大激活大脑的运转，也有助于人们对要学习的东西更加专注。

总结来看，哈佛大学对于学生如何提升专注力的几点建议分别是：带着问题（目的）进行学习、学习成果可视化（激励）、适当施加压力、充足高质量的休息。了解到这些之后，我们也可以去试着学习哈佛的建议，看看自己的专注力能够在短时间内能不能有所提升。

◆ 锻炼深度思考的方法

我们的大脑有时就像一台出了故障的机器，如果只是随便检修一下使其能够正常运转就算完事，那么我们也就陷入了思考表象化的陷阱。而如果能对机器来一次全面的清查，把隐患统统清除掉，那就是进行了深入思考。既然深度思考能力如此重要又如此稀缺，那么我们怎样才能具备或加强这种能力呢？换句话说，我们怎样才能拓展思考的深度，在学习、解决问题时思考得更深刻呢？

前面提到过，丰富的知识储备和专注力是深度思考的必要条件，专注力不必多说，那么丰富的知识储备标准是什么？这是不是意味着在刚开始学习时，就无法进行深度思考？其实并非如此。

每个人在刚开始学习时，都不可能拥有大量的知识储备，或者说在某个阶段由于知识量的限制，人们的思考水平并不高，对于某些问题无法理解透彻，但是这并不代表不能进行深度思考。从某种程度上来说，深度思考强调的是一种思考的态度和路径，即你在面对学习、问题时，是浅尝辄止还是不断深入，这无关深奥与否。

正如数学家波利亚所言，任何一个问题都可以让我们无限地探究下去，从而帮我们形成长期的、一贯的思考路径。也就是说，深度思考更像是一个用途广泛的工具，关键是怎么用这个工具，而不是将其用在哪里。

所以，最初学习时我们就应当培养"深入探究"的习惯，较为有效的方法就是发问，就一个现象连续向自己提问，比如重点核心内容、产生的原因、带来的影响、连带问题，等等，不要把问题当作一个独立的个体，用辩证思维、发散思维去看待，从不同角度进行思考。

在电子产品、各类娱乐性软件盛行的今天，多数人都是手机控、电脑迷、游戏痴，但凡被这些产品掌控了大脑，就很难再长时间进行思考。有时候最简单的方法可能是最有效的，适当与电子产品、软件、娱乐性片段知识保持一段距离，比如在学习时尽量不把手机放在旁边、尽可能不依赖电脑、少使用娱乐性软件、规定使用时间等。

那么都有什么锻炼思维的方法呢？哈佛大学为我们提供了以下几种选择。

标题联想，这是锻炼构思、想象力的一种方式，也可做检验使用。具体操作是，在读书看报时，只看标题，从标题推断和联想，最好可以有条理地将你推断的内容列出来。

积累和记录思维模型的发展历程，要从最开始不成熟的思维模型就开始记录，记录的内容包括哪些呢？比如你做一道难题时的思路、想法、入手点是哪里、从哪几个方面考虑的、解决的办法等，将思维可视化，能够清晰看到自己的成长，也能准确发现不足。

我们还可以时常进行头脑风暴，多与他人交流学习，将众多观点融合碰撞，通过分享获得新知，通过对比思考深化和检验自己的观点。有时，我们可能只是孤身一人在学习，没有那么多伙伴如何进行观点碰撞呢？这时候可以将书中的人物想象成对手，和虚拟的作者、大师们开展一场讨论。

深阅读，常写作。进行深度阅读是一种无法忽视的提升深度思考能力的方法。何为深阅读？上文提到过，很多人在读书时思维往往会跟着作者走，对作者的叙述深信不疑，而深阅读就是让人们摒弃这种想法，在读书的过程中不断存疑解惑，而不是一味地认同，当你能够把作者的观点彻底理解并形成自我看法时，就是进行了深度阅读。

当然，在深度阅读之后，最好可以把自己的感悟、不同观点以文章的形式写出来，写作对深度思考能力的提升有着很大的积极作用。

当我们学习、阅读、查阅资料之后，脑子里虽然充斥了很多知识，但却是极其混乱的，就像一间塞满了珍宝的房间，珍贵、丰富但毫无章法。而写作就能迫使你将这些混乱的、零散的知识点、想法做好整理，或是组合或是包含，最终形成条理化的知识体系，然后通过笔尖输出，再度加深记忆。

例如，平常你可以写一篇读书收获，也可以分享一些实用技巧，甚至可以分析电影、综艺中的人物，写一篇影评，从客观角度分析总结，提炼主题，不掺杂个人好恶，这一过程也是批判性思维的运用。

挑战难题，为思维设置关卡。难以解决的问题一般涉及的方面都很广泛、内容也很深刻，可以称得上好的导师。适当找一些这样的问题去思考，可以在一定程度上锻炼深度思考，提高逻辑能力。当然这类问题不见得是重大的，但一定是复杂的，密室逃脱中的题目有时候就可以达到要求。

最后一点，一定要保证自己在学习、思考时的情绪是平静的，如何管理情绪、缓解负面情绪，在后面的章节中会详细介绍。

锻炼深度思考的方法不只有这些，其实更重要的还是个人意识，只有当你具备深度思考的意识，确确实实有进行深度思考的想法时，这些方法才能发挥作用。如果只是一时兴起，抱着吊儿郎当的态度，不认真对待，再好的方法也是无用。

哈佛思维课表明，深度思考是一个人从成熟到成功的标志，是当今每个人都应该重视起来的能力。秉着开放性和持续性，人们思考的过程中要不断接纳输入，包括阅历、经验、能力、技巧，以及与他人的互动，再思考再接纳，最终凭着越来越多的知识探明本质，提升思想境界，稳定内在人格。

当然深度思考的养成需要长时间的努力和自我训练，过程可能并不那么简单，但是一旦成型，精进的速度就会明显加快；当成为一种习惯时，就不会觉得痛苦，反而会非常享受。

那么，我们怎样判断自己是否进行了深度思考呢？或者说针对某个现象、知识、问题，深度思考后的表现是什么呢？哈佛思维课给了我们如下几个标准。

一、描述生动、精准

进行表达阐述或者写文章时，用词准确，针对大家不熟悉的名词、现象，可以联系到常见的事物打比方。正如著名的商业咨询顾问刘润曾说："所谓洞察本质，就是会打比方。"此外，能够对各种概念用简单、贴切的语言去解释，只有洞察了事物的本质，才能用精准的词语和巧妙的比方来形容。

各种定义和概念可以说是知识的浓缩和精华。很多时候，人们知道是什么意思，却不知道如何解释。事实表明，往往越简单的词语，越不容易解释，而进行深度思考的人却很擅长。

比如，快乐、幸福这些词语大多数人都知道是什么意思，但若要求用言简意赅的方式去解释，就很少有人能办到。我们大多只能从感性的角度去描述，而有些人却可以办到。

哲学家伊壁鸠鲁说："幸福就是身体的无痛苦和灵魂的无纷扰。""积极心理学之父"马丁·塞利格曼在其幸福1.0版本中表示，幸福就是生活满意度，包含有三个不同元素：积极情绪、投入和意义。经过十年的探索和思考，他又得出了幸福2.0版本，即幸福是生命的丰盈和蓬勃，包含了五个元素：积极情绪、投入、意义、人际关系和成就。

一个小小的例子，我们就可见深度思考与否的差距。

二、知其然也知其所以然

不经深度思考的人，总是一知半解，知其然却不知其所以然。比如一本书，别人问你好看吗？你说好，好在哪里呢？你说很有内涵。如果你是这样的回答，显然，你压根儿不知道书中讲的到底是什么。

如果你能做到知其然且知其所以然，不仅能够通透地看待某一个现象和知识点，还能提炼出更具一般性的解决思路与原则，并将其应用在其他领域，可以做到弄明白一个问题，就看懂一系列问题，能够掌握其一般规律，这就证明你已经进行了深度思考。

三、更有自制力和自控力

习惯深度思考的人往往不会太过放纵自己，不管是在情绪方面还是身体方面，他们不会令自己长时间沉浸在某种情感或事件中，更具理性。

因此，日常生活中看看自己是否能更好地控制住情绪，在遇到重大问题时能否保持冷静，就是判断我们是否具有深度思考能力的一个标准了。

无论如何，深度思考作为一种头脑工具，被哈佛人学极力提倡的原因就在于它对包括学习在内的整个人生都是行之有效的。在离开学校进入社会之后，一个人是否掌握深度思考的能力，很大程度上决定着这个人未来的发展前途。

◆ 如何进行彻底的深度思考

深度思考的关键词包括：从表象见本质、化繁为简、触类旁通、做事有清晰且靠谱的思路、独创的想法、高质量的决策。这的确很有优势和诱惑力，是绝大多数人都想拥有的思考，然而它是无法传授的，换句话说，就是不可能直接获取的。

不讨我们也不要着急沮丧，虽然不能直接获取，但也不是无路可走。经过长时间的沉淀，专家们提出了一些关于深度思考的一般模型和步骤，这也给普通人获取这种能力提供了途径。当事物有章法可循时，复杂程度就会大大降低。

深度思考，顾名思义是要深入地、一步更进一步地、越来越复杂地思考。但很多人在思考时大脑很容易疲惫，常常在最初阶段就会放弃思考，这是为什么呢？

研究表明，人类的大脑工作记忆最大只能容纳5-9个工作项（组块），也就是说短期记忆只能记住5-9个组块。什么是组块呢？通俗来讲，组块包括储存、运算、分析等各种过程。举一个简单的例子，当你计算7×158的时候，按照最基础的计算方式，即分别是计算7×8、7×50、7×100，包括存储中间结果，占据7个组块，每一次计算、结果储存都是一个组块。

可见大脑的记忆容量是相当有限的，这一点是非常不利于深度思考的，但是有那么一群人却能够通过这么有限的记忆容量创造出无比巨大的成果，比如开普勒定律、爱因斯坦的质能守恒定律、莱布尼茨的微积分体系……如此小的容量却能够蕴含这么大的思想，大脑的潜力和创造力是未知的，而得出这样成果的思考绝对算得上深度的思考。

他们是如何利用这么小的内存进行如此庞大的运算，达到深度思考的呢？

用一个简明的数学例子导入，计算"395×589"，你能在3分钟以内心算出来吗？

如果按照最基本的算法，能算出来，但不会很快。更重要的是，很多人可能算了一点就放弃了，没那么大的耐心。

上面提到人的工作记忆只能容纳5-9个组块，而以基础算法计算这道题至少有27个组块，所以算不出来情有可原。不过可以转换思路，使用技巧，比如把395×589转换成（400-5）×（600-11），这样是不是更容易了些？原因就是组块减少了；再换个角度，计算

395×589，要依次算出395×9、395×80、395×500，如果把这三组计算的结果早就记住了呢？是不是就可以省略中间的计算步骤，大大减少组块，使得这道题更加简单。

这其实就是调动长期记忆中的背景知识来思考和解决问题，将现成的结果调动出来完全不需要消耗任何记忆容量。而人脑长期记忆的容量近乎无限，也就是说长期记忆一旦形成很难遗忘，且可以无限累积，这也是为什么深度记忆强调知识储备的原因。你拥有的知识背景越丰富，大脑能调用的运算资源也就越多，思考起来也就更省力。

当然这种背景知识主要是以理论为主，通过不断复习加深记忆。除此之外，通过反复实践将程序性的知识转变为内隐记忆同样也可以节省大脑空间。

比如开车，开始学车时技巧都要靠脑子去记，但是熟悉之后，这些程序性的知识就转为内隐记忆，到需要时，直接调用即可，无须占据大脑内存。

所以，有意识地巩固学过的知识、技能，将其转化为长期、内隐记忆，在思考时调动使用是进行深度思考的一大前提，但这仅仅是一个准备过程，只有丰富的知识量，距离真正的深度思考还很远。

哈佛思维课教授认为，深度思考的目的是探索问题的本质，直接获取知识的最精华部分，或者提高解决问题的效率。而以系统动力学的解释来看，本质=模型×动力机制，那么模型和动力机制究竟是什么意思呢？

简单来说，模型就是针对某个知识点或问题，你所认为的最重要的因素，也就是说你需要从中把不重要的细枝末节剔除，找到核心因素，并把它列下来，或者将现象和原因用简单的话描述出来。动力机制，通俗来讲就是引入时间，分析随时间变化这些重要因素会呈现怎样的动态。

还是以实例展开，比如领导布置给你一个任务，做一份相关事件的PPT，你认为的关键是什么呢？

思路1：用什么样的模板更好看？内容怎么放置更好？封面做成什么样更吸引人？用不用加些炫酷的动画？

思路2：内容重点是什么、按照什么样的顺序展开？听众是什么人、有着怎样的特点？应该用怎样的语言去讲述？要达到怎样的效果？时长控制在多久？

做一份PPT的关键因素应该是内容、听众以及效果，这样一对比，可以很明显得感觉到相较于思路2，思路1不免有些条理不清，把无关紧要的细枝末节当作重点思考，而忽略了对重点内容的整合，结果可想而知。

建立模型的目的其实就是让你确定好深度思考的方向。每件事情都有很多面，但并不是所有的方面都需要重点考虑，否则既浪费时间精力，又不能很好地解决问题。

那么怎样才能快速找到关键因素，且明确它们之间的关系呢？

最简单的方法就是实践或者刻意练习。很多事情在熟练掌握之后才能掌握其中的规律，且这时候提炼关键因素是无须动脑的，释放出来的脑容量可以用于下一步的思考。在确定了导致现象发生的各个要素后，还要明确各个要素之间的关系。例如，你想提高某科目成绩，于是买了很多资料，结果一段时间后成绩真的提升了，这件事情的模型应当如何表示呢？

关键要素为资料、能力、提升，但是能表示为"买了资料，能力提高了"吗？显然是不对的，正确表述应当是"买了资料，且用了更多时间去学习资料，所以自身能力提升了"。在这里还需要注意的一个点是，相关关系和因果关系，资料和能力之间是相关关系，不能说因为资料，所以能力提高，"花时间学习了资料"和"能力提高"才是因果关系。很多时候，我们都会将相关关系当作因果关系，导致结果有所偏差，甚至陷入误区。接下来引入时间，长时间花更多精力去学习资料，成绩会如何呢？是持续上升吗？自然不是，成绩会先上升再有所下降，因为要注意劳逸结合，注意身体的休整，才能保证效率。

当然，这个例子可能不是很贴切恰当，但大致思路就是如此。

构建思考框架或者说培养思考习惯。这就相当于写文章时的大纲提要，当你不知如何下笔时，应该怎么做？构思全文结构，每一部分用什么方式展开，再从中找到切入点。思考框架也是如此。

比较经典的一个思考框架就是：是什么、为什么、怎么做。此外，常见的分析法比如SWOT、5W1H等也可以帮助我们构建框架。在建立之后，遇到问题时，要有意识地使用这样的框架进行思考，并将其逐渐转变成一种习惯。

最后一点，不要受到他人观念、观点的影响，可以接受建议，但要有自己的坚持，不要盲目跟着他人的思路或者传统的思路、经验走。比如一个问题，大家都是基于某个前提之下考虑的，你完全可以不基于这个前提，只要有科学依据，你可以毫无顾虑地坚持自己。

无论如何，请大家牢记，深度思考的能力不是一朝一夕就能练就的，不断学习和刻意训练都需要做到，只有这样，你才能真正拥有深度思考的能力。

第二部分

哈佛学习法：高效学习方法让学习更轻松

第四章

学习力：运用学习力让思想闪光

◆ 学习力究竟是什么

　　哈佛大学第26任校长陆登庭曾说，以往从未有一个时代，如今天这般需要不断地、随时随地地、快速高效地学习。那种依靠在学校时学到的知识就可以应付一切的时代，已经一去不复返了。

　　的确，在当今这个信息、科技迅猛发展的时代，已经不仅限于人与人之间的竞争，有时甚至会面临人与机器的竞争。人们越来越意识到，在学校千辛万苦学来的知识，用不了两三年，就可能无法应对现实需求。要想不被时代所淘汰，就要不断地学习，不断地实现自身的持续增值，而做好这一切的前提——我们要有良好的学习力。

　　关于学习力，哈佛大学商学院工商管理学教授柯伟林，在其著作《学习力》中是这样描述的：学习力是学习动力、学习态度、学习方法、学习效率、创新思维和创造力的一个综合体。学习力的几大构成要素不是孤立存在的，而是相互叠加，互相促进，有机联系的整体，是人们自我学习、自我变革、自我超越、自我发展的螺旋式上升的过程，是一种学习的方式和解决问题的方法。

换句话说，学习力是快速掌握知识资源并将其转化成知识资本的能力，其核心就是竞争力。无论是对个人，还是对组织、企业，学习力都将起到巨大的推动作用。

学习力不仅限于对知识的高效获取与积累，还包括对知识的合理运用，以及持续将知识转化为价值的能力。事实上，人一生中所积累的知识，绝大部分都是靠自学习得的，所以必须要有良好的学习力做支撑。

学习动力，指的是能够引起、推动和维持学习者进行学习活动的各种非智力因素的集合，通常可分为内部因素和外部因素。

学习动力的内部因素主要是由个体主观能动性产生，如学习兴趣、学习意志、学习所获得的成就感等。外部因素则主要包括教师、学习材料、奖惩措施、学习环境等。

当个体的所有期望成为学习动力时，将直接影响其学习力的提升。任何外在的激励教育都比不上内在激情对学习者所产生的巨大力量。诸如"兴趣是最好的老师""学问必须合乎自己的兴趣，方可以得益""成功的秘诀在于兴趣"之类的名人名言，就是学习动力起作用的最直接的说明。

在哈佛，主流教学方法是启发式教学，先把对应学科的基础知识传授给学生。为了触发他们主动学习的能力，教授会引导与鼓励学生进行"自我教育"，而不是被动接受"填鸭式教育"。

学习动力可以说是学习力形成的基础要素之一，俗话说"习惯成自然"，将学习动力融入个人思维模式中，有利于快速进入学习与工作的状态，从而保证行事效率与结果。

学习态度在很大程度上决定着学习力的强度。正确的学习态度通常表现为勤奋、热爱、坚持、专注、积极向上。

勤奋可以说是治学的必要条件，即便是天才，没有勤奋的加持也难以获得成功。不过，需要注意的是，花费更多的时间并不等同于勤奋，勤奋是需要在投入时间的同时足够专注。

当代著名教育心理学家本杰明·布鲁姆，通过多年的实验研究得出这样一个结论：只要学习方法得当，97% ~ 98%的学生都能达到优等生的水平！

在哈佛，衡量学习力的重要标准，不是知识量的多少，而是高效获取知识的方法。

在信息快速、广泛交流的时代，各种各样的学习方法通过网络或纸质书籍传播开来，其中虽然不乏一些比较科学有效的方法，但也不能完全肯定地说它适用于每个人。真正的学习方法，是学习者为了要成为会学习的人，而在学习的过程中，逐渐摸索出一套自己喜欢的并可以熟练运用的方法。

学习是一辈子的事情，单纯地以为只有在学生时代需要学习的人，注定要面临失败的结果。同样，一味地模仿他人的学习方法，很难增强自身的学习力。因为模仿就像是踩着前人的脚印，终点并不一定是你想要到达的彼岸。

科学高效的学习方法需要个体在学习的过程中进行反思、总结来得出。一旦形成一套属于自己的学习方法，那么学习将不再是"苦差事"，相反，你会乐在其中。

每个人的精力都十分有限，而知识的总量是巨大的，我们不可能把所有的知识都存入大脑中并保证永不遗忘。这就像装修房子一样，漂亮的家具有很多，但这并不代表着它们都适合放进同一所房子内，那样会弄得不伦不类。

真正高效率的学习是以最快的速度、最短的时间有选择地从各种材料中获取新的知识与信息，然后通过连接关系建立更高一级的知识结构。

事实上，搭建知识结构的过程，也是思维方式不断形成与变化的过程。

创新思维是思维方式的一种，是先进思维的表现。拥有创新思维，可以对过时的、不再重要的知识信息进行筛选，或运用新的方式进行整合利用。不断地用新视角去看待或解决问题，总是会有不一样的收获。

创新思维能够培养创造力，创造力是学习力的高级表现，是以学习前人知识、经验为基础而进行适当改造，从而产生新的事物或理论。

由此可见，想要养成良好的学习力，单纯的知识量的积累是远远不够的。学习力的提升是一个缓慢且辛苦的过程，没有捷径可言，可一旦形成就会对以后的学习与工作起到极大的推动作用。

要记住，将学习的义务转为权利，变身学习的主人，是我们提升学习力的前提。

◆ 观察力是学习力的基础

通常人脑所获取的知识、信息，有八到九成是通过视觉与听觉收集的。由此可见，观察是人们认识事物、获取知识的一种重要方式，观察力的强弱决定了传递到大脑中的信息的准确程度，大脑接收到的信息材料越准确、越精细，能够形成有效的知识内容就越丰富。

比如课堂上化学老师进行的实验演示。通常，老师会边讲解边进行实验，这样抽象与具象的方式相结合，更有助于学生理解、记忆。在有些领域，观察几乎可以说是学习和工作中必不可少的一部分。

我国著名的气象学家、浙江大学校长，同时也是哈佛校友的竺可桢先生，就曾经不止一次地提出过观察的重要意义。

竺可桢对自己的学生表示过，有些学问来自课本，有些学问却来自生活，而得到生活中的学问，依靠的就是观察和思考，没有思考就不会有真知灼见，而没有观察，思考就变成了无根之水的空想。

以竺可桢先生的气象学来说，我们今天翻看竺可桢日记，几乎每一天都记载着他对于气象问题的观察：天气阴晴、风向风力、花开花落、春去燕来……

在新中国成立初期，竺可桢曾在中科院工作，但是组织上为了照顾他的生活给他配备了专车，但他却执意每天步行回到北海公园附近的家，原因就是他要用这下班的路程来观察自然。

这些看似无比平凡的观察工作，竺可桢坚持了几十年，没有一天疏忽。而就是这些平凡的观察，让竺可桢了解到了大量的气象信息，也为他创造性的科研工作奠定了基础。

观察是学习必不可少的重要环节，通过观察可以获得新知识，也可以对以往的知识进行检验，使人们增进对知识的理解。

所以，哈佛的教授常常会采用实物直观的教学方式来讲课，比如实验演示、标本观察、播放幻灯片或电视、电影等。

苏联心理学家、教育家赞科夫经过数十年的研究发现，学习成绩差的学生都有一个共同点就是观察力差。

观察并不等同于简单地"看"，根据对哈佛大学教学方法和学生学习方法的研究，相关专家认为想要培养高效的观察力，需要做到以下几点。

一、观察一定要有明确的目的性

通常情况下，简单的感知活动并不具备目的性，但观察是有明确目的的感知活动。议才要体现在·观察必须有明确的观察对象以及具体的观察步骤。

有效的观察是一项复杂且细致的工作，需要遵循一定的观察步骤有条不紊地进行。观察步骤，一般来说是按照事物发展变化的时间、所处的空间、事物的结构特征等顺序进行。

二、观察需要采用必要的方式、方法

由于事物发展变化的周期长短不同，所以，在观察的过程中，所采用的方式、方法也不尽相同。比较常见的有：

（一）随时观察法

这是一种简单、有效且趣味十足的方法。你可以随时随地对任何感兴趣的事物进行认真细致的观察，并辅助描述性训练，也就是说用自己的语言总结出观察对象的特点。

（二）重点观察法

这种方法要求的是在一定的时期内对特定的事物或现象进行重点观察。这种观察往往是在相应的周期内完成的，具有系统性、完整性、全面性。同时要求在对事物进行观察时要分清主次，切忌面面俱到。

（三）重复观察法

重复观察法就是指多次观察同一个事物或现象，以保证观察的准确与细致，避免出现似是而非的情况。通常，那些较为复杂的观察对象是无法通过一次观察就获取全部信息的，只有通过重复的观察才有可能对其进行更为精准的把握。

（四）比较观察法

这是一种同时观察两种或两种以上事物的方法，通过对比，来找出事物之间的相同点和不同点，从而发现事物的本质。通过比较观察法得到的信息和知识往往更为全面，而且也有利于记忆。

（五）分层观察法

这种方法要求在对客观事物进行观察时，需采取层层深入的方式。具体在观察时，可以先局部后整体，也可以先整体后局部。这样观察的好处是容易把握整体的重点，抓住局部的细节。

三、确保观察的准确性与全面性

确保观察的准确性是观察力的重要前提，是其根本特征，也是获得观察对象有效信息的重要保障。准确的观察不仅能够把握事物比较外显的特征，还能抓住事物更为深层的、本质的，甚至还处于发展阶段的特征。

观察力在学习中的一个重要表现是，通过观察他人的行为来获取知识信息，但首先要确保他人的行为是正确的，否则就会产生不利的结果。

善于观察的人，能够从他人的错误示范中吸取教训，从而减少试错成本。当然，前提是要知道对方的行为属于错误示范。

观察的全面性，体现在对各种事物的整体把握上，如此获得的知识、信息也将更为全面。

另外需要注意的是，在培养观察力的过程中，切忌半途而废、用心不专、先入为主。

◆ 培养好习惯，引爆学习力

今天，举凡爱好文学的人，应该都听说过《瓦尔登湖》，这本出自梭罗这位哈佛校友之手的散文集，以其生动的语言、优美的文字和深刻的哲思流传于世，在一百多年里打动了无数的读者。

梭罗在瓦尔登湖畔住了两年时间，在这两年的时间里，他怎么就产生了那么多灿烂的哲思呢？这源于梭罗一个良好的习惯。

梭罗是一位深刻的思考者，他自上学期间就非常喜欢在散步时进行思考，然后在晚间将思考的内容整理成文字。他的这一良好的习惯终其一生都没有改变。隐居在瓦尔登湖时，梭罗有了更多的时间和精力，他在瓦尔登湖畔散步时，一边享受美丽的风光，一边对自身生活状态和人类生存命运进行深刻思考，然后他将自己的思考进行整理编写，最终写成了这一本传世名著。

习惯的力量是无穷的，良好的习惯可以让人受益终身，同样，良好的学习习惯对学习力的提升具有强大的推动作用。

曾任教哈佛大学的世界知名心理学教授威廉·詹姆斯说过这样一番话："播下一个行动，收获一种习惯；播下一种习惯，收获一种性格；播下一种性格，收获一种命运！"

我国著名教育家叶圣陶也曾说过："什么是教育？简单一句话，就是养成习惯。"

由此可见，良好的习惯对于人的一生是多么的重要！

就学习而言，良好的习惯有很多，比如良好的预习、复习习惯；良好的练习习惯；良好的读书习惯；善于观察、提问、总结；善于支配学习时间；等等。可如何养成良好的学习习惯是一个令学习者十分头疼的问题。

哈佛大学的一项研究表明，从生理学角度来说，人们的行为能够形成习惯，主要由大脑的前额皮层和基底神经节控制，前者阻止习惯的形成，后者推动习惯的形成，通常后者的能量要大过前者。看到这里也许有人会说："那我们的习惯应该很容易养成啊！"

的确，只要你的基底神经节正常，习惯就很容易养成，不过习惯有好有坏，而且往往是坏习惯占绝对优势。

没错，基底神经节是个愚蠢且懒惰的家伙，它不会区分行为的好坏，只要是多次重复性动作就能被它捕捉，之后形成习惯；它也不喜欢变化，尤其是颠覆性的变化，习惯一旦形成就很难改变。所以，坏习惯很容易养成，又很难改变。这就是很多人戒烟戒酒都不成功的重要原因。

由此可见，良好习惯的建立首先需要打破不良习惯的"统治地位"。有时候改变一个不良习惯可以带动一系列不良习惯的改变。

比如你每天早晨一起床就蹲厕所玩手机，坐在马桶上至少20分钟不起来，直到上班时间一点点逼近，然后经过一番"军队式"的快速洗漱，接下来基本没有吃早饭的时间就得急匆匆地去上班，遇到交通不给力的时候，"迟到"就会在不远的前方向你招手。

如果能改掉早晨边上厕所边玩手机的坏毛病，那么空闲出来的时间足够完成后续的一系列事情。

前额皮层更加聪明，它懂得如何做出选择与调整，但是由于行为的复杂程度不同，前额皮层需要消耗的能量也不相同。当前额皮层的力量不足以撼动基底神经节的重复性功能时，习惯就很难改变。

虽然人脑的重量一般只占人们体重的2%，但往往要消耗掉人体1/4的能量。因为大脑中每时每刻都在上演着十分复杂的神经活动，所有信息都以电信号的方式在神经元内传导，并以化学递质的方式在各神经元间进行传递。神经活动越活跃、越强烈，需要消耗的能量越多。不过，日常行为形成习惯就会在我们大脑中建立相对稳定的神经通路，这样大脑消耗的能量就会比初始行为所需的能量要少得多。而且习惯养成的时间越久，对应的神经通路越牢固，越不容易打破。

事实上，各种技能的修炼也有类似的生理机制。比如，我们刚学骑自行车的时候，可能需要加倍集中精力，不仅要握好车把，还得全神贯注地查看路况，脚下蹬得既吃力，又不稳。不过，时间久了，车技熟了，即便大脑不像之前那样活跃，我们依然可以骑得很好。

关于多久能够养成一种习惯的问题，有许多不同的说法。比较权威的是2009年《欧洲社会心理学杂志》上刊发的一项研究，他们得出的结论是一个行为变成习惯大概平均需要66天。因为行为有简单与复杂之分，所以形成习惯的时间也会存在很大差距，少则十几天，多则将近一年。

简单的行为不需要大脑消耗太多精力，所以很容易形成稳固的神经通路。比如晚上睡觉前刷各种娱乐性质的App，你只需拿起手机，点开图标，然后不停地在屏幕上划动手指就可以了，基本不需要太动脑子。看到有趣的地方你还会捧腹大笑，用不了几天，这种睡前习惯就形成了。

然而复杂的行为想要形成习惯则需要很长时间甚至很难形成。依旧以手机App为例，其中也有许多帮助学习的软件，相信很多人的手机上也安装了不少，但大多数人的使用频率肯定没有那些娱乐软件的高，有些甚至一整年都点不开几次。因为，我们的大脑既讨厌"枯燥的事情"，又很害怕"吃苦"。就算你某天痛定思痛下决心打开学习类的App，通常的结果不是学不了几分钟就呼呼大睡，就是没多一会儿就觉得无聊，然后又点开娱乐类的App。

事实上，糟糕的生活往往都是众多坏习惯合力作用的结果，而一个好习惯就有可能让你的生活品质有所改善。

在哈佛，那些学习优秀的学生都有一个惊人的相似之处，那就是，他们都习惯对时间进行合理且充分地分配。

时间对于所有人都是公平的，每人每天只有24小时，1440分钟，86400秒，时间的长度是无法改变的，但我们可以改变每一分每一秒的质量。我们不是没有学习的时间，而是那些坏习惯占据了太多的时间。

就从现在开始，把你众多的坏习惯一一列举出来，然后选一个最有自信能快速改掉的，并用一种容易养成的好的学习习惯来代替。比如，用看言情剧的时间去看纪录片，这样既有视觉享受，又能学到知识。不用担心看不进去，很多纪录片的制作都非常精良，而且不失趣味性。

当你成功用一个好习惯代替一个坏习惯的时候，记得用心去感受那种战胜自己的喜悦，然后带着这种感觉继续做出改变。不要急于求成，也不要气馁，只需记住去做就好，时间会给出最好的答案。点滴的积累总会有质的收获，正如《劝学》里说的那样："不积跬步，无以至千里；不积小流，无以成江海。"

◆ 学习要有强大的目标感

我们从小到大所习惯的学习方式都是以被动接受为主，也就是说，老师的教授是我们获取知识的主要途径。所以，绝大多数人不懂得如何自主学习，也没有养成自主学习的习惯，当然也就很难对学习进行明确规划。我们往往不知道学习究竟为了什么，也未能明确自己该学什么，更没有去探究学完之后有什么实际用处。

类似的情况在欧美国家也同样存在，学校教育在带给人们知识的同时，也逐渐固化了人们的思维。然而，好的大学会解决这类问题，边向学生灌输知识，边帮助他们培养自主学习的能力。哈佛大学在此方面就做得很好。

欧美教育学界普遍有一个观点，那就是只把分数作为衡量学习好坏的唯一标准是不对的。如果一味要求分数，那么学习之于很多人而言就成了一项必须被动完成的工作，学生就会像奴隶一样被分数所驱使，完全不管自己的力气够不够，有没有用对地方。虽然唯分数论会使一些人在一定时期内收获不错的成绩，但很显然它没有持久的作用力，也无法真正内化成属于自己的能力。

被动式学习的最大缺陷就是很容易让学习者丧失学习动力，对其自主学习能力造成阻碍。学习期望几乎都是外在压力在作祟，而非主观意愿，颇有本末倒置的味道。而好的大学，会通过各种方式来改变这一点。

事实上，强大的目标感也是哈佛学生的一大特点，他们总是清楚地知道自己为什么而学，明白自己想要的是什么。这种主观上的能动作用是巨大的、积极的、持久的。

有些人可能会说，如果刚进入大学没有目标应该怎么做呢？在这一点上，哈佛的选择是给予学生充分的自由。在哈佛，大一是不分系科专业的，这样学生就可以通过一年的学习和尝试，来选择自己最终真正感兴趣的专业。

所以，在哈佛平均每个学生至少改过一次专业，很多人入学和毕业的专业大相径庭。哈佛就是这样让没有目标或目标感不够强的学生，有机会寻找目标，让他们能够自由变换自己努力的方向，从而保证他们最终选择的目标是自己所热爱的。

许多在哈佛求学的留学生都有过类似分享——激情使他们倍感精力充沛。为了让自己变得更加优秀，他们不仅心甘情愿地积极投入各种有助于学习的事务中，还会努力克服人性的弱点，比如懒惰、拖延、畏难、贪图享受等。这就是目标感的力量。

在学习的旅程中，强大的目标感就像夜空中的北极星，即使途中充满沟沟坎坎，也不会迷失方向。然而说到建立强大的目标感，很多人都会陷入迷茫，因为我们习惯了按照父母的要求、学校的要求、现实的要求去学。学习的目的不是为了考试分数，就是为了谋职就业。可是，以此为前提而建立的学习目标是脆弱的，甚至是毫无生气的。

也许有人会说，考高分、找到心仪的工作就是我学习的最大动力与目的！要知道，我们想要强调的是所有的目标都应建立在主观期望之上，不是"要我学"，而是"我爱学"。

强大目标感的表现是你对某些知识具有极大的兴趣，你想要通过学习某些知识来让自己得到提升，你希望通过学习来取得某些成就等。有了这种强劲的驱动力，人们才更容易成功。

哈佛幸福课教授本·沙哈尔曾说："一个幸福的人，必须有一个明确的、可以带来快乐和意义的目标，然后努力地去追求。真正快乐的人，会在自己觉得有意义的生活方式里，享受它的点点滴滴。"

无数事实向我们证明了兴趣之于学习的巨大力量。

当你极度渴望通过学习获得一些东西时，学习就会成为你所重视的对象，你不再对其避之不及。就像一些人很喜欢吃榴梿，所以就根本不会嫌弃它臭一样，相反会很享受那种味道。

在思考了哈佛的教学和培养模式之后，对于怎样培养学习的目标感，我们发现主要应从以下两点入手。

一、对自己当前的能力有比较清晰的认知

这里所说的能力不仅仅是你当前的知识水平，还包括注意力、记忆力、观察力、理解力等。当然，这些都是学习所必不可少的能力，无论其中的哪一项薄弱，都会影响整体学习效果。

研究表明，大多数人对自身能力的评估都是不准确的。哈佛大学教育研究生院的心理学教授霍华德·加德纳在其著作《非凡头脑》中表示：成功人士都有一种能够准确评估自己的能力和不足的独特才能。

对自己做出正确评价，然后将优势、擅长的方面最大限度地进行发挥，弱势、不足的方面进行有的放矢地弥补。

二、制定学习目标要满足实际需要，切忌贪多贪快

众所周知，那些杰出人物的成就，几乎都是在其擅长的领域中获得的。我们在制定学习目标时也应从适合自己的角度出发，无论是学生还是职场人士，想要通过学习提升自己，选择与自身知识体系相符的学习方向是相对省时省力的办法。所以，高中时我们会分文理科，大学时我们要分专业，这都是为了使专长得到更充分的发展。

另外，学习切忌贪多贪快。每个人的精力都是有限的，百科全

书式的人才几乎不存在。什么都想学，结果往往什么都学不好、学不成。

对学习目标进行分步规划，同样也是强大目标感的重要表现。通常，学习目标可分为短期目标、中期目标和长期目标。并且要让其可视化，无论是简单的表格还是绘制成思维导图，总之，要把你对学习的期望以及学习步骤都切实展现出来，这是实际行动的第一步，也是关键一步，只有这样才有坚持下去的可能。

短期目标的时间维度以天为单位，中期目标的时间维度以周或月为单位，长期目标的时间维度以年为单位。

明确的学习目标可以引导推动学习行为，学习者一定时期的学习行为能够产生显著的学习效果，而显著的学习效果又可以促进学习者产生学习的动力。可以说，制定合理的学习目标可以形成学习的良性循环，当循环成自然时，良好的学习习惯也就顺理成章地建立，这也是学习力的重要组成部分。

◆ 懂得积极思考的力量

哈佛大学一向注重对学生思考能力的培养，而不是让学生成为被动的知识承受者，而这种打破常规进行自主思考的意识，已悄然成为哈佛人血液中的一部分。所以，自建校以来，哈佛源源不断地向全世界输出各类杰出人才。

犹太教圣典《塔木德》中有这样一个有趣的例子：

拉比问："两个修理工从烟囱里先后掉下来，一个满身脏，一个很干净，谁会去洗澡呢？"

年轻人回答："当然是脏的那个人啊！"

拉比摇头："你错了！一身脏的那个人看到干净的人会认为自己也是干净的；相反，身上干净的那个人看到一身脏的人则会认为自己是脏的。所以是干净的人选择洗澡！"

拉比又问："两个人再次从烟囱里掉下来，谁会去洗澡呢？"

年轻人回答："当然是那个干净的人啊！"

拉比说："你又错了！因为从同一个烟囱里掉下来，怎么可能一个脏一个干净呢？"

刚听说这个故事的时候，很多人的第一反应是"这有点儿像脑筋急转弯啊"，如果有人这样问，我恐怕也会给出同那个年轻人一样的回答。事实上，大多数人面临类似的问题时，往往能快速地说出答案，结果正确率通常都会很低。造成这种普遍现象的原因，要么是个体认知的局限，要么就是习惯性思维定式的影响。在这里，显然后者的可能性更大些。

认知的局限会导致错误的答案，这很容易理解。就像"日心说"诞生前，人们坚信地球是宇宙的中心一样。唯有拓展知识维度才能解决。

比认知局限更严重的是思维局限。如果一个人储存了大量知识，但是在应用时囿于自身的思维定式，就很容易做出错误的判断。正如上述例子中的年轻人一样，他难道不明白人掉到烟囱里会变脏吗？结果他两次都几乎没怎么思考就给出了答案，当然，他也因此被拉比反驳得哑口无言。但凡他经过一番思考，也不会那么轻易地就给出如此经不起推敲的答案。

所以，想要打破习惯性思维定式的影响，就需要我们加强思考的力量，这也是学习必不可少的能力。

为了激发学生的思考能力，哈佛大学以鼓励学生不断地进行提问为教学模式。因为问题越多，学生们需要思考的内容就越多，而通过思考得出的答案也就越多，如此便能越过"经验主义"设置的障碍，以更加开阔的视野发现通向"新世界"的大门。

著名心理学家、教育学家约翰·杜威在《我们如何思维》一书中将思维分成四种，也可以说是四个层次，他表示只有当人们用心搜寻证据，而且确信证据充足后，所形成信念的思维过程，才能称之为"思考"。杜威还特别强调"这样思维才有教育意义"。

思考是思维的深层次表现。不会思考的人，就只是在"巨人的脚下"绕圈子，而懂得思考的人，才能够站到"巨人的肩膀上"眺望更远的风景。

在人类数千年文明史中，"地心说"足足统治了13个世纪，人们曾对此深信不疑。这不仅仅是由于诸如亚里士多德这般百科全书式的智者所提倡，还在于人们坚信自己所看到就是"事实"。如果人们一直保持着这一信念，就真的跟井底之蛙没什么区别了。好在，总有些人偏爱怀疑、乐于琢磨，比如文艺复兴时期的天文学家尼古拉·哥白尼，他敢"冒天下之大不韪"提出"日心说"。

当然，哥白尼可不是为了显示自己的与众不同而信口胡诌，况且在当时的大环境下，提出这样的观点，完全冲击了教会统治阶级所宣扬的世界观，他无疑会遭到打压与迫害。哥白尼之所以坚持

"日心说"，是因为这一切都建立在他长年观察和计算的结果之上，这是经过反复思索、无数次推演而得出的结论，在当时的认知水平中完全经得起推敲。事实证明，哥白尼的理论极大地推动了人类探索宇宙的步伐。由此可见，思考可以产生无穷的能量。

"思考"可以说是人类大脑的特质。著名心理学家丹尼尔·卡尼曼在其著作《思考，快与慢》中，提出人类大脑具有"快与慢"两个思维系统。"系统1"根据"固有经验"快速做出反应，结果却常常由于各种错觉因素而产生错误判断；"系统2"通过较为充分的理性分析来决策，但大脑天生的"懒惰"，使得它偏爱走捷径而选择"系统1"的机制。

如果你想要尽可能地向真理靠拢，就必须成为一名理性的思考者，在不被他人思想所左右的同时，还要学会控制自己的大脑，恰当运用两个系统的优点。

我们的大脑习惯性地"拈轻怕重"，只有控制住它，它才能按照你真正的意图办事，才能打破原始的偏见，做出更正确的判断与选择。这就需要对我们的大脑进行理性训练，打破习惯性思维的壁垒，培养批判性思考的技能。

理查德·保罗是国际公认的批判性思维领域的权威学者，他在《思考的力量》一书中写道："批判性思考是一门系统的艺术，它能确保你在任何情况下都能运用最佳的思考能力。"

批判性思考者会在认知的过程中保持怀疑、求真的态度，这使得他们更容易发现问题，并针对问题进行合理分析，进而得出更为准确的结论。

另外，思考还有利于清楚地认知自我。伏尔泰曾说，如果书读了很多却不加思考，你会觉得自己知道的很多；如果边读书边思考，你会清楚地意识到自己知道的还很少。

思考是人类本能的脑力劳动，正所谓"一分耕耘，一分收获"，勤于思考也必然会结出丰硕的成果。

第五章

哈佛学习体系：告别盲目学习，构建知识体系

◆ 明确知识管理

当今社会处于知识爆炸的时代，每天都会有新知识、新领域出现，人们想要在激烈的竞争下更好地生存，不仅要不断扩充自身知识储备，还要对知识进行科学管理，避免盲目学习。

所谓构建知识体系就是将分散的、独立的知识，按照合理联系整合成科学的知识系统。就像造房子一样，其中零散的知识就如同建筑材料，获取知识的手段就相当于建筑工具，而将知识按照一定联系构成体系的方式就好比建筑图纸。

学习知识是人类认知的重要内容，其目的是为了帮助人们在世界上更好地生存。对于知识的探讨，早在两千多年前的古希腊就已然出现。当时的许多哲学家都将知识作为研究与讨论的对象。其中，亚里士多德在苏格拉底、柏拉图等人的基础上对知识进行了更为合理的划分。这位百科全书式的哲学家，不仅通晓当时的所有知识，而且把它们进行了系统分类。

亚氏对知识的定义主要从感觉经验的角度出发，也就是对获取知识的经验进行划分。他这种对知识的定义方式深深影响着后世。

1996年，世界经合组织在年度报告《以知识为基础的经济》中，从知识编码化的角度将其分为四大类：

1. 知道是什么的知识（Know-what），主要是关于事实方面的知识，比如全世界最长的河流是什么？秦始皇称帝是在哪一年？中华人民共和国的一级行政区包括哪些？此类知识大致可以同信息画等号。

2. 知道为什么的知识（Know-why），主要是自然原理和规律方面的科学理论。

3. 知道怎样做的知识（Know-how），主要是做某些事情的技艺和能力。

4. 知道是谁的知识（Know-who），主要涉及谁知道和谁知道如何做某些事的信息。

在上述四类知识中，前两类可以通过一般的学习途径来获得，比如在学校学习、通过网络学习，后两类则主要从实践中获得。

野中郁次郎在当今世界知识管理领域享有很高的威望，被称为"知识管理的拓荒者"。他在《创造知识的企业》一书中，把知识分为形式知识（显性知识）和暗默知识（隐性知识）两个矛盾对立的部分。对照上述世界经合组织所给出的分类，可以说，前两类基本属于形式知识，也就是说人们可以通过一般途径来获得知识信息，比如书籍、音频、视频等；后两类则主要是暗默知识，即那些无法以信息编码的方式进行表达的知识，通常源自个体的亲身体验，与其主观视角、价值观等精神层面密切相关。

关于暗默知识，哈佛商学院的西奥多·莱维特教授曾指出："最宝贵的知识既无法传授，也无法进行传递。最有效的学习来自直接的经验。儿童学习吃饭、走路和说话都是通过试与误的过程来学习的。"

如此看来，暗默知识是通过主观直接体验来获取的，所以人们对这类知识的掌握会非常熟练与深刻。因此，想要建立某一领域的知识体系，也就是将对应的形式知识与暗默知识相综合。

我们当今所处的时代被称作"知识社会"，因为这是人类有史以来，知识量最多、知识内容最丰富、涉及面最广的时代。这就要求我们不仅要学习知识，还要懂得如何学习知识。

知识是无限的，人们想要在有限的生命中最大限度地实现人生价值，就要学会选择、懂得取舍，分阶段有计划地学习。

根据以上描述，我们可以从两方面来对知识进行掌握。一方面是有效吸收，主要针对的就是显性知识；另一方面是能力内化，主要针对的是隐性知识。

当今社会，无论是组织还是个人，做好知识管理对其提升竞争优势至关重要。而且，就目前的发展趋势来看，知识构建的核心竞争力，已经从获取知识数量的多少、速度的快慢，逐渐转向对知识的认知程度上。

美国认知心理学家、教育心理学家杰罗姆·布鲁纳曾说，认知并不是一个结果，而是一个过程。指导一个人，不只是将结果灌输给他，而是要让其参与到过程中。

可见，个体只有建立属于自己的认知结构，透过现象认识本质，才能将知识、技能内化成自身的能力。

知识管理的流程与活动包括知识鉴别、知识创造、知识获取、知识存储、知识共享以及知识应用。虽然这一流程主要针对的是组织知识管理，但对个人同样具有指导意义。

比如，知识鉴别就是根据目标，分析、明确个体知识需求；知识获取既包括对已有知识的整理，也包括对新知识的积累；知识存储是指建立个体知识库，不仅要有显性知识，还要增强隐性知识的存储。

也就是说，我们现在的学习，仅仅停留在"学过"的层面是远远不够的，还应达到"学会"的层面，甚至更进一步提升到"新的领悟"层面。"新的领悟"意味着真正触摸到知识的精髓，是知识管理的最高级目标，是学习力的最强表现。

◆ 做好知识收集

想要建房子，首先得找到合适的建筑材料，知识体系的搭建同样需要收集知识资源作为材料，而且对应收集的资源越丰富，你的知识体系才能越庞大。

知识收集通常包含三个阶段：第一阶段明确知识载体；第二阶段筛选关键知识；第三阶段快速实现知识存储。

知识是人类生存的智力成本，快速、高效地吸收知识信息，是获得竞争优势的关键前提，因此学习知识，首先要学会如何获取知识。

知识具有抽象性，只有通过载体显现，才能更为广泛地传播。按照知识的显性与隐性特点，知识的载体可分为两大类：生理性载体和非生理性载体。

生理性载体就是指人类的大脑。

大脑控制着人类的语言能力，我们可以通过语言交流来学习与传播知识。另外，人类大脑具有高级思维能力，能把显性知识内化成隐性的技艺与能力，这种能力难以描述或表达，却是知识最高层次的表现。

非生理性载体主要是能进行知识书写、记录的载体，例如石刻、竹简、纸质书、计算机等。显性知识主要是通过这种载体来进行传播。

了解知识载体类型，有利于学习者通过知识载体快速找到所需知识。

与一百多年前相比，现代教育不仅使得我们许多人有了一定的知识基础，而且还懂得利用各种技术工具来学习知识。

扎克伯格之所以能够依靠一个人的力量独自开发出Facebook网站，是因为他在哈佛的学校教育中积累了足够多的关于编程的知识，然而，仅仅依靠这些知识就能支撑起他的能力框架吗？当然不是，事实上，扎克伯格的成功与他善于学习是分不开的。

扎克伯格12岁的时候，他就已经依靠自学储备了大量的知识。当时，他的父亲交给他一个任务，让他编写一个让家和诊所办公室可以互通消息的程序。编写这个程序不但需要计算机知识，还要掌握医学领域的一些基础知识，然而扎克伯格很快就完成了任务，由此可见他的知识储备是多么的强大。

其实，像扎克伯格这样热爱并擅长学习的人，总是时时刻刻地搜集知识，并将这些知识整理进入自己的知识体系当中。

高中时期，扎克伯格为了创建歌曲软件Synapse，搜集了大量关于艺术的知识。在哈佛，扎克伯格主修心理学和古典文学，对于这些方面的知识，他也是尽一切所能地吸收。在哈佛的第二年，扎克伯格就编写出了Course Match软件，目的是帮助学生察看所选课程。

扎克伯格的知识储备有些来自书本，有些来自交流，但更多还是来自互联网时代的技术工具。

善用技术工具就是找到了通往知识宝库的捷径，能够成倍速地提高我们的学习效率，也是个体学习力强的重要表现。正如荀子在《劝学》中所说："假舆马者，非利足也，而致千里；假舟楫者，非能水也，而绝江河。君子生非异也，善假于物也。"

因编撰《英语大辞典》而一举成名的英国学者塞缪尔·约翰逊，曾把人类的知识分为自己知道的知识和知道在哪里可以找到的知识。后者强调的就是工具书的应用。

在当今社会，知识传播的主要途径是传统的纸质载体与新兴的计算机数字化载体，对应的技术工具即为传统的各类工具书和网络检索系统。虽然，在20世纪末期，一些西方学者预言人类到了21世纪将进入无纸化时代，但就目前来看，人类对纸质知识载体的热衷似乎有增无减。

就学习而言，两类知识载体之间并无实际意义上的优劣之分，只要能够合理应用，就都是获取知识的最佳途径。而且由于学习主要是个体行为，每个人的学习习惯不尽相同。当然，两种方式结合使用往往更为有效。

通常，知识的广度是衡量个体知识水平的一项重要标准。因此，很多人为了扩大知识范围，习惯性地进行知识囤积，结果就是买了很多书、网盘里下载了各种学习资料，但往往是要么"眉毛胡子一把抓"，要么就是存而不阅、束之高阁。这样的知识收集并非真正意义上的获取知识，而是一种普通的知识搬运，除了浪费时间和金钱，没有任何积极意义。

所以，对于知识的收集而言，很重要的一点是要做好关键知识筛选。

这里的关键知识指的是你想要学习的某一领域中具有价值的知识。

关于什么知识最有价值，英国哲学家、社会学家赫伯特·斯宾塞早在19世纪中期便明确提出了这一论题，并在当时的西方教育界掀起了一场激烈的争论。时至今日，它一直都是教育理论的核心问题之一。

在斯宾塞看来，知识的价值大小在于它对人们现实生活指导作用的大小。这可以说是学习知识的首要目标。

另外，知识也有真实与虚假之分。所以，在存储知识之前，首先要对其进行筛选与判断。这样既能避免学习不必要的知识而浪费时间，又能减轻大脑储存过量而产生的负担，进而有利于提高学习效率。

虽然这是一说大家就能明白的道理，但实际操作起来会有一定的难度。这就要求我们在学习的过程中必须调动大脑进行积极思考，根据个体的具体需求来选择对应的知识。具体来说就是从知识资源的整体出发，通过知识的来源、运行规律、获取的最佳途径来收集知识。更简单地说，就是根据知识分类进行知识收集。

找到有效知识后，就要同时对知识进行快速有效的存储。这里的存储又可分为物理性存储和生理性存储，后者属于高级存储形式，也就是存进我们的大脑。

物理性存储就是按照非生理性载体对知识进行分门别类地存放，比如将纸质书籍分类存放，存在网盘或电脑中的知识资源按照一定规则进行整理储存。这样更有利于查找。

在外部知识融入我们大脑的阶段，需要结合阅读技巧、记忆技巧等学习技巧的运用，如此不仅能提高学习效率，确保知识存储的稳固性，还能锻炼学习者的思维能力。

一般情况下，人们吸收知识首先是通过阅读来实现的。一个人阅读能力的高低，很大程度上会直接决定他学习力的强弱。同样的一段话，有些人1分钟就能读完并理解，有些人用了5分钟读完，还不一定能读懂。长此以往，学习效果也会呈现天壤之别。

当然，只是单纯地阅读并不能算是真正掌握了知识。当我们需要时，能够从大脑中快速取用，才算是达到了学习的一个高级阶段。这就需要对知识进行记忆。

知识量如此丰富，一味地死记硬背根本解决不了知识记忆的问题，所以我们需要高效记忆法的加持，以便在更短的时间内记住更多的内容。

现实中比较常用的记忆法有：形象记忆法、歌诀记忆法、对比记忆法、情境记忆法等。学习者在学习的过程中可以根据实际情况有选择地运用。

◆ 高效阅读的力量

莎士比亚说："书籍是全世界的营养品，生活中没有书籍，就好像大地没有阳光；智慧里没有书籍，就好像鸟儿没有翅膀。"读书是人们增长知识的主要途径之一，而高效的阅读习惯有利于知识体系的快速建立。所以，阅读一直是哈佛大学的优良传统，它在人们学习乃至生活中起着非比寻常的作用。

那么，我们应该如何做到真正高效的阅读呢？

一、学会有选择的阅读

弗朗西斯·培根曾说过："读书使人充实，讨论使人机智，笔记使人准确，读史使人明智，读诗使人灵秀，数学使人周密，科学使人深刻，伦理使人庄重，逻辑修辞使人善辩。凡有所学，皆成性格。"

不同的书籍所起的作用是不同的，所以我们要学会有选择的阅读，根据个人实际需要来阅读。

人类文明数千年，古今中外伟大、杰出的作品浩如烟海、数不胜数，而我们的精力终究是有限的。就像庄子曾说的那样："吾生也有涯，而知也无涯。以有涯随无涯，殆已！"

对于读书，哈佛大学第22任校长洛厄尔认为："每个受教育的人可以对任何事物都懂一些，但要对个别事物更精通一些。"

选择性读书非常重要，否则不是读而不精，就是白费力气，甚至误入歧途。

除了类型有差别，书籍还有好坏之分。读好书与读坏书对人的影响，往往会截然相反。

关于读好书，伏尔泰曾说："当我们第一遍读一本好书的时候，我们仿佛找到了一个好朋友；当我们再次读这本好书的时候，就好像和老朋友重逢。"歌德则说："读好书，就如同和一个高尚的人在交谈。"

关于读坏书，亨利·菲尔丁说："坏书如同坏朋友，会使我们堕落。"约翰·罗斯金则说："生命是短暂的，空余时间太少，所以我们不应该把空余时间耗费在阅读价值不大的书籍上。"

无论是先人的名言警句，还是自身的经历，我们无可否认，书籍的好坏的确会对人生产生极大的影响。

二、针对不同的书籍选择不同的读书方式

不同类型的书籍，其侧重点不同，对应的阅读方式也不一样。这里就不得不提一下莫提默·J. 艾德勒和查尔斯·范多伦合著的经典书籍——《如何阅读一本书》。这本讲述阅读技巧的书籍对于信息井喷式涌现的当今社会，依旧具有极高的指导意义。

此书将阅读分为四个层次，分别是基础阅读、检视阅读、分析阅读和主题阅读。这四个层次可以说是逐层递进的关系。

在基础阅读这个层次，作者主要讲述了阅读的四个阶段。这四个阶段是按照读者的年龄所对应的认知能力进行划分。个体只有掌握了基础阅读阶段的技巧，才能进一步向下一层次的阅读迈进。

到了第二个层次——检视阅读，该层被视为大多数人所追求的正式阅读阶段，作者主要讲述的是在精力有限的情况下，该如何阅读。此处主要分为两种，一是有系统的略读或粗读；二是粗浅的阅读。

有系统的略读或粗读，主要解决的是读者不清楚自己是否应该或值得阅读这本书，以及读者能否从这本书中获得期望价值的问题。这种阅读方式能有效避免时间的浪费。

粗浅的阅读，主要解决的是读者遇到艰涩难懂的书籍时，应当如何阅读的问题。作者给出的建议是跳过不懂的地方，继续通读全书。这种阅读方式与传统的"不懂就要查，不懂就要问"大相径庭。

它能避免读者过分纠结于"无伤大雅"的细节，从而使读者从大方向上对书籍内容进行把握，令其体验到阅读的乐趣。

分析阅读为第三个层次，虽然这层比较困难，不过获益也颇多，它主要包含三个阶段。

第一个阶段，读者根据四个规则来明确所阅读书籍分章什表达什么。

第二个阶段，读者根据四个规则找出作者对其著作的架构，并重新梳理出自己对所阅读内容的架构。

第三个阶段，读者在对所阅读内容具有高度理解的前提下，与作者进行有意义的"辩论"（批判性标注）。

最后一个层次为主题阅读，这一层也是阅读的最终目标。在阅读了相当多同类型书的基础上，找到了自己想要研究的主题，从而建立或丰富自己的主题知识体系。

三、高效阅读少不了读书笔记的加持

读书笔记是一种高效阅读工具，是在阅读一本书时，将书中精彩的语录、思想以及个人读书心得进行记录的笔记。读书笔记的好处可以说非常多，比如它能训练读者的阅读能力，加深读者对书中内容的记忆，帮助读者更深层次地理解书中所表达的信息，拓展读者的思想维度等。

优秀的书籍所蕴含的"闪光点"不一而足，前提是读者能够发

现并吸收。

　　读书不仅限于学生时代，即使参加了工作，我们也应养成读书的习惯。可以说，每个有思想的人一生都会有书籍常伴左右。不管你是为了兴趣读书，还是为了自我提升读书，掌握高效的读书方法，必然能收获事半功倍的效果。

◆ 巧用学习方法

现实中，我们常常会看到很多人为了学习付出了巨大的努力，但是却没能收获相应的成果，学习似乎一直处于原地踏步的状态。他们表面看起来很勤奋，实际上却只是在用大把的时间做低效率的无用功。

在学习的过程中，懂得运用学习方法的人，比只用时间堆砌进行知识积累的人，要高效得多。这种高效不仅体现在时间效率上，还体现在认知水平上。因为高效的学习方法，往往需要大脑进行深度思维，能够充分激发学习者的学习能力。

所以，在衡量一个人的学习效果时，一方面要看他掌握了多少知识；另一方面，也是更为重要的一点，就是掌握了哪些获取知识的高效方法。

在哈佛流行这样的学习格言："最有价值的知识是关于学习方法

的知识，它是学习中最讲科学含量、最讲技术操作的品质，其优劣程度决定着一个人学习的成败。"

合理的学习方法不仅可以让学习过程变得快速、高效，而且还能使学习变得更为有趣！

也许有人会说，我们早就知道学习方法在学习中的重要性，而且也曾运用过不少学习方法，但似乎并没有什么效果！

的确，市面上讲授学习方法的书越来越多，而且其中有不少都冠以"超级""快速"等字眼，对于想要追求高效学习方法的人来说，这些都极具诱惑力。然而，实际情况却是许多人并没能取得预期的效果。造成如此局面的原因主要有两点：一是这些讲授学习方法的书籍质量良莠不齐，二是学习者并没能真正掌握这些学习方法。

事实上，学习方法作为一种辅助学习的技巧和工具，是需要学习者经历一定时间的使用才能掌握的，一蹴而就并不现实。只有反复运用、熟能生巧，坚持到最后，才能收获快速增长的学习效果。没有谁从一开始就是大师级的水平。

此外，"包治百病"的学习方法是不存在的，所以学习者还应选择适合自己的学习方法。

哈佛从来不会告诉学生哪一种学习方法是最有效的，而是传授给他们各种类型的学习方法，然后让学生们从中寻找最适合自己的那一种或几种。

通常，讲到高效的学习方法主要涉及的就是高效记忆、高效阅读、高效笔记法、高效时间管理等方面。

哈佛大学的本杰明教授通过调查发现：一边读书一边咀嚼的人，比只看书的人能多记住10%～20%的内容。分析表明，这是由于有规律的身体活动可以激活大脑的活跃度，从而增强记忆力与理解力。当然，前提是你喜欢进行一些有规律的身体活动，如果你是比较喜静的性格，就可以不用选择这种方法。

美国著名记忆法专家哈利·洛雷因曾说："记忆的基本法则是把新的信息与已知的事物建立起联系。"

也就是说，所有高效记忆法都离不开联想与想象的作用。

联想与想象都是发散性思维，人们常常将二者混为一谈，事实却是，它们有明显的区别。

联想是人们根据一定的相关性，由一个事物想到其他事物的心理过程。联想中的线索事物可以是眼前正看到的，也可以是头脑中存在的。被联想到的事物与线索事物之间存在一定的逻辑关系。比如由玫瑰花联想到情人节，由苹果联想到万有引力，由鸽子联想到和平，由月亮联想到中秋节等。

想象是从空间与时间上对人脑中已存在的事物表象进行创造性加工的心理过程。想象的结果具有夸张性与未来性。线索事物与想象结果之间不一定存在特定的逻辑关系。想象的结果往往会创制出当时并不存在的事物形象，而这一形象有可能在未来的某天成为现实。

比如上述我们提到由苹果联想到万有引力，对于我们现代人来说这算是一种联想，因为我们知道牛顿发现万有引力的故事，也知道万有引力的存在，但对于牛顿以及比其更早的人来说，万有引力是一种新鲜事物。牛顿由苹果落地而展开的是一种想象，而不仅仅是联想。

联想思维与想象思维，相较而言，前者更为缜密，后者更为活跃。然而在实际应用过程中，二者几乎是相伴出现的，这也是人们常常将二者弄混的主要原因。

运用联想进行记忆，既能节约时间，又能丰富自己的认知结构。联系是事物之间普遍存在的本性，事物之间的这种特质也就成了联想的沃土。事物之间的关系越密切，越容易进行联想。

人们天生就具有联想的能力，但每个人的联想能力却有高低之分，原因之一就在于个体对其运用的频率不同。面对同样的刺激信息，思维活跃的人会积极展开联想，而思维方式固定、单一的人，则很少去主动激发自己的联想能力，通常只会按照已知的定式去认知、思考。

所以，时常进行联想与想象，不仅能够帮助学习者快速掌握记忆技巧，而且能够培养高效的思维模式。

关于高效阅读我们在上一节已经提到过，这里就不再赘述。

而说到高效笔记法，目前比较流行的有康奈尔笔记法、树状图笔记法、思维导图法等。其中思维导图法成为近几年十分流行的笔记方法。

思维导图法是英国心理学家东尼·博赞先生创制的一种高效图文笔记法。这种笔记工具主要是将关键字与线条、图文相结合，这样一方面能够节省大量时间，减少无用信息的录入，从而提高记忆效率，另一方面还有利于思维扩散，进而表现出更多的创造力。

思维导图法很好地弥补了传统线性笔记的不足。就学习而言，每门知识所涉及的内容虽繁杂，却有主次之分。绘制思维导图就是抓住了这些主次关系，并通过关键词的运用，提纲挈领地将学习内容归纳总结出来。如此一目了然的有机结构，不仅利于对知识进行整体性理解，还有利于记忆的巩固与加强，当然也就能达事半功倍的效果。

第六章

执行力：高效执行让学习更加轻松

◆ 高效的执行离不开勤奋

在哈佛流传着很多学习格言，其中有一句是这样说的："对于学习来说，所谓的天才人物，指的就是那些具有毅力的人、勤奋的人、入迷的人、忘我的人和充满热情的人。"

哈佛那些被视为"天才"的学生们，比普通人要勤奋努力，他们似乎总是精力充沛，不知疲倦。

哈佛商学院的学制只有两年，几乎所有的必修课都需要在一年之内修完，很多新生每天都要学习13～18个小时。所以，哈佛商学院的第一个学期被很多人称为"炼狱学期"。

不过，这样的学习氛围，却使得学生们养成了更加勤奋、乐观的人生态度。而且，他们其中的很多人并不觉得学习是件苦差事，反倒乐在其中，认为这样的生活很充实。

哈佛告诫学生们，如果你今天懒惰，那么就算你明天跑着前进，也未必能赶上别人。只有坚持不懈地努力学习，才有可能收获成功，创造出属于自己的梦想王国。

古今中外，所有杰出的人物无一不是"勤奋"的忠实拥趸，有关勤奋的至理名言也是层出不穷。

比如，我国东汉时期伟人的天文学家张衡曾说："人生在勤，不索何获？"意思就是人一辈子都要勤奋努力，倘若不积极地探索，怎么能有所收获、有所成就呢？

我国数学家华罗庚曾直言："天才出于积累，聪明出于勤奋。"

要说成功的捷径是什么，那唯学习莫属，只有学习才能掌握知识，有了知识才能开阔眼界、提升生存能力与竞争能力，而学习永远离不开勤奋态度的支撑。

现实中，很多人无法养成勤奋的品质，一方面是由于懒惰因子在作祟，另一方面则是由于对自身的认识不足。

有些人总觉得自己很聪明，所以在学习上不够努力，结果成绩永远处于中游水平。千万不要相信那些所谓的"学霸都不怎么学习"的传言，他们的努力只是没有被看到而已。就像爱因斯坦说的那样："人们把我的成功归因于我的天才，其实，我的天才只是刻苦罢了。"

如果不付出足够多的努力，即便是天才，也终将被埋没。

还有一些人则恰恰相反，他们觉得自己先天不足，就算努力了，也还是学不好，所以，干脆就放弃了勤奋的念头。可是，古话说得好"勤能补拙"，再平庸的人，只要朝着正确的方向奋力前行，最终一定可以到达成功的彼岸。那些比你更优秀的哈佛学子比你更努力，你有什么资格不去奋斗呢。

我国著名戏曲表演艺术家梅兰芳先生，年少时拜师学艺，曾被师父说"长着一双死鱼眼，灰暗、呆滞，根本不是学戏的料"。听了这样的话，梅兰芳并没有因受打击而灰心丧气，反倒铆足了劲，用各种法子弥补自己的缺陷。

为了让眼神变得澄澈如水，他养鸽子，然后整天地仰望天空，追寻它们飞翔的身影；他还养过金鱼，然后每天俯视水底，双目紧跟着游鱼。就这样，通过经年累月地练习，梅兰芳终于练就了一双灵动得仿似在说话的眼睛。

可见，即使先天条件不足，只要勤加练习，照样可以有所作为。

所以，无论学什么，想要学好、学精，就必须保有勤奋的品质。

◆ 完成目标分解动作

我们已经知道，好的学习需要强大的目标感，然而制定了目标之后，还必须将其付诸行动，如果只是一味地制定目标而不去实现，那么拥有再强大的目标感也是毫无意义的事情。

爱默生曾说："一心向着自己目标前进的人，整个世界都会给他让路。"

可是，现实中，很多人都会面临这样的恶性循环：每次都会信心满满地制定各种目标，而结果往往是无疾而终。没有行动或没能一直行动，让实现目标成为空谈。

对于目标的实现，哈佛告诉学生们，可以将大目标分解成小目标，每完成一个小目标都意味着离大目标的完成更进一步，所有巨大的成果都是由一点一滴的小成果积累起来的。也就是说我们要学会把目标化整为零。

哈佛大学商业调查机构曾经用25年的时间对一些学历相似但事业不同的人做过一系列跟踪调查，调查数据显示：有清晰目标并能够将目标划分为阶段性工作的人占3%，他们大都成了商业精英；有清晰目标，但对于短期目标并不特别重视的人占16%，他们大都成了某个领域的专业人士；而有远大目标但不懂得阶段性完成目标的人大概占据60%，他们大多数人都没能最终实现自己的目标；当然，还有21%的被调查者完全没有目标，他们就不是我们讨论的对象了。目标的分解对于实现目标的重要性，我们从这个调查中就可见一斑了。

《哈佛商业评论》中有一则关于目标管理的案例：终极目标是在一年内赚100万美元，问如何实现这个目标？背景是在保险行业。

目标管理的解答方式是：

第一级分解：赚取100万美元的佣金需要在一年内完成300万美元的业绩；

第二级分解：一个月就是25万美元的业绩；

第三级分解：一天就是8300美元的业绩。

第四级分解：A类（最有价值）客户每人订单超过3万美元；

第五级分解：A类客户成功概率1/30；

第六级分解：每周拜访60位A类客户。

如果单纯是赚到100万美元，这似乎是很难完成的，但如果细分到每周做好充足地准备拜访60位高端客户呢？似乎就不那么遥不可及了。这个案例告诉我们，要学会将大目标分解成许多小目标，如此那些令人望而生畏的大目标就离我们不是那么的遥远。

学习亦是如此。比如考研要求背诵5000多个单词，乍一看，很多人的第一感觉就是"太难了""不太可能实现"。如果我们把这些单词按类别进行分解，再把分好类别的单词按天平摊，一天学15个单词，大概用不了一年的时间，你就能将它们全部学完。

此外，制订计划对于目标的完成也是十分重要的。也就是说，完成每一个小目标的前提，首先是将所有的小目标按计划制订出来，而且制订的步骤越细致，就越有利于完成，因为这样你的行动就有了具体的参考，同时，行动的结果也有了评判标准。

科学家曾做过这样一项实验，将被试者分成两组，其中一组对于戒烟做了一份详细的计划，而另一组没有做计划。两个月后，做计划的那组人不仅抽烟量明显减少，而且还有12%的人彻底戒烟。可没做计划的那一组，只有2%的人完成了戒烟。

也许有人会说，即使做了计划，把大目标分解成容易完成的小目标，我依旧无法完成，这是怎么回事？

这主要涉及的就是执行力的问题，人们常常会因为各种干扰而停止执行的步伐，比如说"太忙，没时间"，比如说"无限期拖延"，甚至是"觉得太难"等。总之，一到关键的执行环节，人们就会"掉链子"。

现代的年轻人普遍有这样一个不好的习惯，那就是不按时睡觉，经常熬夜，结果，身体出现了各种问题。于是，很多人就给自己立了"每晚睡足8小时"的目标。

睡觉这种人类天生自带的功能，实施起来应该非常容易，现实却恰恰相反。那些经常熬夜的人，想要一下子就改掉这种习惯，可是相当的困难，有人甚至连一天都坚持不住。就算按时睡觉的闹钟响了，大多数人也只是选择把它关掉，然后继续做与睡觉无关的事情，比如说打游戏、刷剧、逛网店等。

所以，想要完成目标，就必须努力克服这些执行路上的"障碍物"，这就要求我们要有良好的自制力。

自制力就像人体肌肉一样，只有常常对它进行锻炼，才能使之变强，从而帮助你完成目标。同样也像肌肉锻炼一样，你可以先从简单的行动开始。

还是以睡眠为例，你可以将入睡时间提前半小时设成目标，闹钟一响，就强迫自己放下手里的一切事项，然后用平时最容易让你瞌睡的事项来代替前一事项。比如有些人只要一看书就犯困，有些人听轻音乐容易入睡。

哈佛的学生都有很强的自制力，他们不仅会列出与学习相关的目标，制订出完成目标的计划，甚至还会列出可能影响目标的因素。这样在实施的过程中，不仅有计划对行动加以引导，而且还能抗击干扰，长久、主动的学习也就得以实现。

◆ 给目标设置"死线"

较强的执行力，是哈佛高效学习法所提倡的要素，在之前我们了解了执行力的内在诱因"勤奋"和持续工具"分解"，那么在这里我们还需要一个让执行力能够贯彻始终的部分——完成。

再好的执行力，如果不能把学习或工作完成，那也不讨是做好了开头。而想要完成，就必须做好对进程的管理。哈佛精英们在管理学习进程时，往往会运用一个"死线"工具。

"死线"英文为"deadline"，通俗来讲就是最后期限。如果在某个期限内完不成某项学习任务，就必须给自己以可怕的惩罚。而为了避免惩罚，再拖延的人也必须在"deadline"之前绞尽脑汁完成任务。这个"deadline"工具并非哈佛首创，而是借鉴于美国第一军校——西点军校。

西点军校在布置任务的时候，经常会给学员设置"deadline"，因为它能保证一定的效率，培养学员绝不拖延的办事风格。

西点军校曾做过一项测试，让学员进入一个陷入地下四米、直径两米的光滑圆金属筒中，给他设置一个"deadline"让其逃出困境。如果能成功脱困，则受试者成绩满分，如果不能，非但这项测试成绩为零分，还要在圆金属筒里接受惩罚。"deadline"的威胁感和满分的诱惑促使学员开动脑筋，尽快脱离困境。

一位叫雷（Ray）的哈佛学生在网上留言说，自己几乎对于每项学习任务都要设置"deadline"以督促自己，而正是因为有这样一条"死线"存在，才让他保持了多年的学习效率和执行能力。

不过这里有一个问题，就是"deadline"的关键是时间还是行动？每个人对于这个问题都有自己的解答，而哈佛精英们普遍认为是行动。

时间和进程的控制，终究是要促使人行动起来，并让行动持续下去，而并非是时间的考量。所以在设置的时候，我们对于时间只要保持恒定，并下决心对未完成的行为进行惩罚，至于时间是否精准到与事情匹配倒不是那么重要了。

为了表示对"deadline"的重视，在哈佛校园里有这样一则真实的故事经常被提及："二战"时期，盟军的一处阵地正面对着德军进攻，指挥官下令待德军进入既定位置之后，后方炮火要对其进行攻击，攻击的时间设定为15点45分。

命令下达之后，将军就对阵地下令，务必在"deadline"到来时，将德军引入阵地。然而没想到的是，战斗进行得十分焦灼。眼看炮火支援的时间就要到了，指定的作战任务还没有完成。

怎么办？将军决定亲自督战，之后他率领指挥部赶到了阵地，和战士们一起作战，用各种方法将德军拖往既定火力点中，甚至不惜以自身为诱饵。当"deadline"到来时，将军本人依然处在炮火火力点中，此时，炮声刚好响起，虽然有所准备，但将军也在炮火中受伤了。

在炮火中，德军开始撤退，将军于是命令按指定计划追击。在追击中，部队建制已经被打散，将军身边只剩下几个传令兵，而将军本人也负伤了。但没想到，将军却坚定地告诉传令兵"无论如何也要前进"。

将军又向前追击了一段距离，此时，一颗流弹击中他的左腿。他摔倒在地、血流不止，身边人为他包扎好伤口。这时，几辆友军的坦克开过来了，将军派传令兵迅速跑过去向坦克手指出敌人机枪点的位置，一个战士走过来，将军又命令他赶回去向军部报告他受伤的消息并命令下属接任指挥职务。就这样，大约过了一个小时，附近德军全部被俘虏，将军才让士兵把自己抬上担架准备送往野战医院。这位将军是谁？他就是大名鼎鼎的巴顿。

巴顿的经历告诉我们，所谓的执行力就是不计代价地展开行动，只要决定已下，就一定要努力进行下去，不达目的誓不罢休。所以，当你感到没有动力去实践内心的想法时，不妨为自己的执行设置一个"deadline"，它会给你提供源源不断的动力，会促使你的潜能得到最大限度的发挥。

一位金融领域研究人员在整理了大量提交系统的后台数据后发现，在截止日期前，提交给系统的交易会突然增多，并且迅速向无限多逼近。于是他得出结论，提交量与所剩时间成双曲线关系，这说明了人们普遍具有的拖延属性会在截止日期前得到有效控制，开始对自己的工作负责，产生完结工作的动力。

如果没有设置明确的"deadline"，人就容易产生懈怠，而懈怠就是执行力减弱甚至无法执行下去的重要原因。

所以，在学习没有明确的任务作为考核时，我们常常会感到缺乏学习的目的性和紧迫感，也没有学习的动力。而一旦为学习定下明确期限，我们通常会鼓足干劲地去学习。如果我们懂得使用"deadline"的功能，就会为学习带来一个突破点，为学习或个人提升带来质的飞跃。那么，如何去设置一个"deadline"？从一个发布在哈佛论坛上的帖子里，我们看到以下这样几个要素。

一、将大的"deadline"切分，分段完成目标

当面对一个宏大的目标时，我们通常不会感到这种完不成目标的紧迫感。而对于面前的一个小目标，我们更容易感到完不成它带

来的恶果，这会让我们非常不安。而且，在面对比较直观的小目标时，我们也更有动力去完成。因此，如果要让学习更高效，我们可以将大的"deadline"切分为小的"deadline"，分段完成目标。

二、将"deadlino"适当提前，人为制造紧迫感

我们可以把"deadline"适当提前，预留出安全的时间，当完成一个学习目标后，它多多少少会有一些不完善的地方，这时候预留出的时间就会发挥它的作用，我们就有时间去复习、考核，把学习目标做到完美。

三、执行"deadline"的惩罚

当我们设置了"deadline"，然而仍旧没有完成学习任务或者敷衍塞责时，就要勇于对自己采取一些小小的惩罚措施。如果没有惩罚措施的督导，"deadline"的严肃性就容易消解，时间长了，你就不会严格地遵从它，"deadline"就失去了它提高学习效率的意义。

能够很好地执行学习计划，这对于很多人来说已经难能可贵，但是，如果我们以哈佛精英的学习效率来思考，执行学习计划只是一个好的开始，而完成它才是最关键的。

其实，时间赋予我们每一个人的财富都是一样的。之所以有人成为精英，有人泯然众人，关键就在于细节上的一点点差距，日积

月累成了巨大的鸿沟。而哈佛高效学习法就是要教大家一些方法，让大家提升细节上的能力，从而彻底填平这道鸿沟，而"deadline"就是最有用的方法之一。

◆ 学习需要持之以恒

在荀子所著的《劝学》一文中，有这样一句话："骐骥一跃，不能十步；驽马十驾，功在不舍。锲而舍之，朽木不折；锲而不舍，金石可镂。"它的意思是，骏马跨跃一次，也不过十步远；劣马连走十天，能够到达很远的地方，其成功在于不停止。如果只是刻了几下就停下不做，那么再腐朽的木头也刻不断；如果一直刻下去，那么金石也能被成功镂刻。

2013年6月8日，妮可·凯利在"美国小姐"爱荷华州赛区的比赛中获得冠军，这位出生时就缺少左前臂的姑娘，凭借强大的人格魅力征服了所有人，正如那享誉世界的断臂维纳斯一样，即使身残，却依旧拥有震撼人心的美丽。

虽然上天没有恩赐凯利健全的身躯，但她依旧乐观、勇敢。她经常自信地说："我的世界里没有'不行'两个字，我想做的事情绝不会因一句不行而放弃！"

所以，许多普通人都难以驾驭的项目，凯利却能做得很好。她不仅会跳舞，而且还擅长棒球运动。当然，这些都是凯利坚持不懈的成果，为此她要付出数倍于他人的努力。

对于自己感兴趣的事情，凯利充满着永不言弃的执着。舞台一直是她最大的梦想。"在舞台上，我能够抬头挺胸、自信满满地做自己。"凯利激动地表示。

2012年5月，她从内布拉斯加林肯大学导演和戏剧管理专业毕业。为了追梦，她先是前往纽约百老汇的曼哈顿剧院实习，后来又奔赴芝加哥的古德曼剧院实习。凯利希望有一天能在百老汇担任舞台监督。

虽然从未想过有一天能登上选美的舞台，但当凯利得知选美比赛的消息时，一向敢于尝试的她，并没有因残缺的身体而放弃。她当时这样告诉自己："为什么不呢？我一定能够做到，这样就会有更多的人听到我的声音，我也会乐在其中。"

之后，经过穿高跟鞋走路、发型设计、服饰搭配、拍照姿势、笑容幅度、回答问题等一系列紧锣密鼓的训练，凯利胸有成竹地登上选美舞台。

在历时三天的比赛中，凯利开朗、自信、机智、幽默的绝佳表现，令评委们刮目相看。而当她以高亢的嗓音演唱出《女巫前传》

的经典曲目《抗拒引力》时，更是赢得全场的欢呼。

夺冠后，凯利表示："我之所以参加比赛，是要证明残疾人和普通人一样，普通人能做到的，残疾人也能做到。"

凯利的故事让我们看到了坚持的力量，只有坚持、坚持、再坚持，才能取得大成。所以，哈佛告诫学生们，学习不是偶尔的短时爆发，而是水滴石穿的持之以恒。

坚持的品质是人们在学习之路上所持有的最顽强的武器，就像伐木一样，砍一斧子，看起来似乎并不会把大树如何，但是，许多个"一斧子"累积起来，最终，这棵大树就一定会被砍断。

也许有人会说，道理大家都懂，但总会有各种因素阻碍自己坚持下去。的确，现实中，人们选择放弃的理由和借口有很多，相反，选择坚持下去的理由却很少，不是没有，只是因为坚持太难，放弃却很简单。

对于无法坚持学习的问题，哈佛大学曾做过一项调查，结果显示，那些无法在学习中坚持下来的人，大部分是由于对所学产生了悲观情绪。导致这样心态的主要原因在于：他们通常很难看到自己所取得的成绩，而往往只关注自己还未达成的目标。

比如，一个本来满怀激情想要学好希腊语的学生，因为一段时期的学习没能收到预期的效果，他就打算中途放弃，不再继续，结果就是永远都学不会希腊语。

可如果换个思路想一下，通过之前的学习，他掌握了基本的语法，可以进行简单的对话，甚至通过这门语言的学习，他对希腊这个国家也有了一定的了解，这可以说已经是一个很显著的进步了。

为了解决学生们的这一困惑，哈佛大学的克里希教授还特地开了一次极具针对性的讲座，他告诉学生们培养坚持不懈的学习品质可以从以下两点入手。

首先，当你认为再学下去也是在浪费时间，并准备放弃时，先花点时间去寻找一个成功的例子，这个例子的主人公也曾面临过与你相同的境遇，不过他最后克服了自设的障碍，而且坚持了下来，取得了成功。

比如，你和闺蜜相约减肥，结果外界的各种诱惑让你觉得减肥根本无法实现，并认定了自己这辈子都是个胖子。但是你的闺蜜却成功了，而且这个闺蜜原来比你还要胖，这样是不是就能打破你所认为的"减肥根本不可能实现"的想法呢？

同时，你要学会告诉自己，世上只要有一个成功的例子，那么你就有成功的可能。尤其是当那个例子的主人公和你能力相当时，你认定成功的概率也就越大，毕竟很少有人会真心承认自己不如他人。

其次，当你想要放弃的时候，可以多想象一下当你达成目标时会有什么样的收获。比如，很多人学了十几年的英语，却始终没什么太大的进步，于是，就想要放弃。可若是真的放弃了，那之前学习所付出的努力也就彻底付之东流了。

如果这时能转换一下思路，想象一下自己学成之后，就能够顺畅地与外国人交流，出国旅行也就方便了很多；或者想象一下，当周围的人都在讲中式英语时，你却练就了一口纯正的伦敦腔，到那时你的虚荣心是不是也能得到小小的满足？

在学习的道路上，并不总是充满着芬芳的鲜花，也有刺脚的荆棘，如果因为怕疼就畏缩不前，那么，永远都无法感受到胜利的美好！

第三部分

哈佛管理法：做好自我管理，端正学习态度

第七章

时间管理：让你的学习时间更充足

◆ 让你的时间具象化

"我每天忙得根本没有时间学习!"

"整天这么多事儿,烦都烦死了,时间根本不够用!"

现实中,我们经常会听到类似的抱怨,我们身边许多人也都在为时间不够用而烦恼。然而,如果我们问一下自己究竟需要多少时间才够用?几乎很少有人能回答上来。换句话说,我们的时间或许并不是真的不够用。

在讨论"时间够不够用"这个问题之前,我们先来认识一个人——苏联昆虫学家亚历山大·亚历山德罗维奇·柳比歇夫。

柳比歇夫这个名字为国人所熟知要得益于格拉宁所著的《奇特的一生》,书中这样介绍柳比歇夫一生所取得的成就:"谁都没想到他留下的遗产有多大。他在82年的人生中,共发表了70来部学术著作。其中有分散分析、生物分类学、昆虫学方面的经典著作。各种各样的论文和专著加起来足有500多印张，相当于12500张打字稿。即使以专业作家而论，这也是个庞大的数字。"

柳比歇夫既是专家，又是杂家。他的专著涉及地蚤分类、科学史、农业、遗传学、植物保护、哲学、昆虫学、动物学、进化论、无神论等多个方面。

此外，他还讲课、担任大学教研室主任。20世纪30年代他曾跑遍俄罗斯的欧洲部分进行实地考察、调研。

看到这里，是不是觉得自己就算不睡觉也完成不了这么多工作？柳比歇夫却没有这样的烦恼，他不仅能保证每天8小时左右的充足睡眠，还能坚持进行体育锻炼，而且时常参加各种娱乐活动。

同样是一天24小时，为什么柳比歇夫能够做成这些呢？格拉宁在整理他生前资料的过程中，惊奇地发现一套高度自律的"时间统计"方法。

从1916年开始，柳比歇夫对自己每天的生活内容进行不间断的记录，这些被他称为"日记"的东西像账簿明细一样都有统一的格式。而且他会进行月度总结、年度总结，他一生中的点点滴滴都鲜活地呈现在他的记录当中。

时间给人的感觉总是抽象得如空气一般，我们极其需要它，却又很难抓住，更别提控制了。那么，如果能把时间具象化是不是就能更容易地进行管理呢？柳比歇夫给了我们答案。

柳比歇夫这套以数学统计为基础的时间管理，就是将时间具象的方法。其重点在于记录、总结每项事务所消耗的时间，据此对自己的时间利用情况有个正确认识，从而适时地做出合理调整，避免时间浪费，进而有助于实现高效的时间管理，让每一分每一秒都变得有意义。

记录时间的一大好处是能够让抽象的时间使用量可视化，这样有助于我们对时间进行科学有效的管理。就像解数学题一样，问题、条件都已经列好，接下来的关键就是分析问题，找出正确的解题方法。

现在，试想一下你过去一整天都在做些什么？然后把时间拉长到一周、一旬、一个月，你能清楚地说出进行每项活动所用的时间吗？相信绝大多数人都很难给出答案！我们只是一味地感到自己很忙，但具体在忙些什么、忙了多长时间我们完全没有清晰的概念。那不妨就记录一下自己一周的生活内容，看看每项的耗时是多少。

除了记录时间，另外一种具象化时间的方式就是给时间打分。

在哈佛大学的学生中，流行着一种核定时间分数的时间管理方法，这套方法被无数人证明是有效的。

虽然所有人每天都有24小时，但每时每分的价值并不是相等的。现实生活中，有许多人会把一天中大量的时间用在看电视、打游戏、网上冲浪等娱乐活动上。

这些毫无意义的娱乐活动显然是对时间的浪费，因为这些活动除了能让我们暂时逃避现实的烦恼外，对实际生活质量与自我能力的提升几乎没有任何益处，有时甚至会形成恶性循环。比如通宵打游戏、刷剧，经年累月，就会养成黑白颠倒的恶习，不仅影响身心健康，也不利于个人职业发展，从这方面来看，这段时间显然是低分值，甚至是负分值的（只有投入没有回报）。

现在，再让我们学习哈佛时间标准化定分方法来为时间打一打分。

我们假设全天的标准时间值为100分。8小时的睡眠为30分，每减少（增加）1小时扣5分；有效工作（学习）8小时为40分，每减少（增加）1小时扣5分；其他正常生活需求（吃饭、洗澡等）2小时为5分，每增加1小时扣5分，减少一项扣1分；体育锻炼1小时为5分，每减少1小时扣5分；社交活动2小时为10分，每减少（或增加）1小时扣5分；休闲娱乐1小时为5分，每增加一小时扣5分；自由时间1小时为5分，利用率高加5分，利用率低不加分。

如果按照上述标准，你的时间负价值越高，正价值当然就会越低，整个时间价值也会很低，反之则会很高。当然这只是假定的标准，也不是唯一的标准，时间管理本就是个人行为，所以完全可以依照自身具体情况设定时间分值，但前提是一定要客观。

分值设定后，再依照自己的时间记录来进行计算，看看你今天的成绩是良好、及格、不及格还是负数，然后根据具体情况来进行调整，想想怎样能让自己的时间成绩提升到满意的分数线，并且一直让这样的分数保持下去。

当具象的时间管理慢慢内化成我们的行为习惯后，你会发现自己不自觉地就将各项事情所耗的时间，完美地控制在适当的范围内。

把所有的时间都用来做一件事，并不是最好的时间管理。作为正常人，我们总有工作、学习以外的事情，我们的生活应该多姿多彩，何况一直不停地工作有时反而会降低工作效率。人类不是永动机，无法时时刻刻维持100%的能量。

所以，你的时间记录项越丰富，同时，时间成绩还能保持在中等以上的水平，你就可以称得上是时间的主人了。

将时间具象化，能够帮助我们更清晰地了解自己的时间都用在了什么地方，这跟记录家庭开支是一个道理。只有做了记录，我们才能直观地发现钱都花在了哪里，进而根据实际情况做出调整。

为什么我们总觉得哈佛学生的学习效率高？很大程度上都源自他们良好的时间管理，而他们管理时间的第一项工具我们已经学到了，就让我们去现实中实践一下，看看掌握这套时间管理方法之后，我们的效率能够提高多少。

◆ 遵循大脑的"黄金时间"

　　哈佛学习法之所以能够受人信赖，是因为它行之有效，能够真正帮助我们提升学习能力，进行有效、高效的学习。和很多想当然形成的学习法不同，哈佛学习法是建立在科学和实践基础上的，具有极强的科学性。作为学习法的一部分，时间管理法也是一样的。

　　哈佛时间管理法是建立在一定的脑科学基础之上。科学家研究发现人类大脑运动是有其内在规律的，且不同类型的人，大脑运动的规律也不尽相同。例如，人的学习能力在一天中的不同时间段是有强弱之差的，这就是大脑运动的结果，而对于我们来说，就要在大脑学习能力强的时候去做那些高难度、需要高度专注力的事项，这样才能保证时间的有效利用。

　　很多作家都习惯在夜间创作，法国作家福楼拜经常通宵写作；巴尔扎克吃完饭就睡觉，等到午夜时分再起来创作。可以说，很多优秀作品都是在夜间诞生的。大多数人都会在白天工作，为什么这些作家选择在晚上工作呢？这是由大脑的生理节奏决定的。

通过对人大脑生理活动的观察、研究，科学家将人脑的生理节奏分为"猫头鹰型"和"百灵鸟型"。

那些一到夜间脑细胞就变得高度兴奋、精力充沛、思维活跃的人，就属于"猫头鹰型"，这时他们的工作效率会非常高。

而那些白天脑细胞比较活跃、记忆力和创造力更强的人，属于"百灵鸟型"，只有在这时他们才有较高的工作效率。

不过，还有些人在任何时间都能有效率地工作，他们的大脑在白天和晚上的功能没有太大差别，这类人被称为"混合型"。

由此可见，无论是工作还是学习，想要获得高效率，首要前提是找到自己最佳的用脑时间。因为在最佳的时间段里，我们的大脑在接收、整理、贮存以及输出信息时的效率要比其他时间段高出很多倍。当我们充分利用这段时间去学习，就会取得比平时更好的效果。

那么，该如何寻找最佳的用脑时间呢？哈佛学习法提出以下三个值得思考的要素：首先，我们需要注意的是，最佳的用脑时间不是零散的时间，而是以一整块的时间为单位，通常采用15分钟、45分钟、90分钟来划分整块时间为最佳。其次，在确定自己大脑生理节奏后，还要进一步考虑自己的最佳时间段该如何运用。举例来说，有些人在最佳时间段专注学习一项内容比较有效，而有些人则可以同时专注学习两三项内容。最后，确定了学习的最佳时间，并找到合适的学习方法后，使其形成良好的习惯，长此以往，才能大有收获。

正如学霸张晓声在分享自己的学习经验时所说："每个人都有自己利用时间的特点和习惯，关键是要观察到并把握住这个特点，掌握自己最佳的用脑时间，然后把最重要的学习内容安排在这段最佳用脑时间里，就能取得最好的学习效果。"

确定了最佳用脑时间后，我们该如何利用这段时间取得最大的学习效果呢？换句话说，在具体的学习中，我们应该如何科学安排作息时间呢？

第一，利用早晨的时间。在我们的生活中，清晨的时间往往是最为闲暇的，只要我们早起一小时，就能给自己留出大把的时间学习。

俗话说"一年之计在于春，一日之计在于晨"，早晨不仅是一天的开始，更是一天当中学习的黄金时间。这个时间段，进行一些需要记忆性的学习是最适当的。

第二，利用夜晚时间段。进行了一天的忙碌之后，到晚间安静下来时，我们终于有时间进行学习充电了。尤其是对于上班族而言，晚间是进行学习最关键的时间段，牢牢把握这段时间，对于提高学习成果和学习效率都有很大的帮助。

一位以优异的成绩考入清华大学的学生曾说："我们每天课堂教

学量相当大，要求我们掌握的知识量多，知识难度也很大，在快节奏大容量的课堂时间里我们根本来不及对所学知识进行完全理解消化，这就需要有一个专门的时间对一天所学的知识进行巩固。晚间是人的大脑最活跃的时间之一，适合从事分析判断等活跃的思维活动。所以，夜晚的时间就很适合对当天的学习进行整理和复习。"

学校教育是这样，其他的学习环境也是一样，我们每天都经历着各种各样的事情，吸收着各种各样的信息。在晚间将这些信息归纳整理，梳理进入我们固有的知识体系当中，对于我们掌握和巩固学习成果都是非常有益的。

所以，学会科学合理地安排时间，也是一种良好的学习习惯。

◆ 充分利用碎片化的时间

如我们所知，哈佛是一座坐落在马萨诸塞州剑桥市的开放式大学，11个学术单元、数十栋属于学校的建筑分布在剑桥市的各个角落。

校园的碎片化导致的就是学生们经常要穿梭于整个剑桥市，这也就让学生的时间变得支离破碎。而如何将这些支离破碎的时间利用好，就成了每一个哈佛学生的必修课。

怎么利用碎片化的时间呢？每一个哈佛学生都有属于自己的诀窍。在Facebook上，一个哈佛学生这样描述自己如何使用五分钟、十分钟的碎片时间。

"时间太短，做不了大事情，那就不如用它进行思维练习，例如冥想。冥想的方法就是给自己设置一个主题，譬如坐在巴士上的十分钟，把自己设想为坐在时空船上穿越到未来2100年的时间旅行者，然后利用现有的知识构建出一个场景，看看自己料想中的世界将会是怎样的呢……"

为何说碎片化时间同样重要呢？主要是因为我们的生活总会被各种各样的事情所填充，用来学习的整块时间是非常宝贵的，在利用好这些宝贵时间之外，我们也应该善于利用零碎的时间学习。

零碎的时间看起来很少，将它们集中起来将会是一笔可观的时间财富。凡是在事业上有所成就的人，成功的秘诀之一就是"利用每一分钟时间学习"。

在学习上，如果我们能充分利用那些看起来微不足道的零碎时间，往往会有意想不到的收获。

纵观古今，凡是有成就的学问家都有一个共同的特点——善于利用一切零碎时间来学习。

汉末三国时期，魏国学者董遇，年幼便失去双亲，又时逢战乱，只能与哥哥靠捡拾野稻子卖钱来维持生计。然而，即便生活如此艰辛，他依旧不忘学习，只要一有空闲，就拿出先哲典籍来读，后终有所成。

一天，有个人因没时间学习而苦恼，遂向董遇请教，他的回答是："当以'三余'。"那人问"三余"是什么意思？董遇解释说："冬天是一年中农余的时间，夜晚是一天中多余的时间，下雨天是平日里多余的时间，这些时间都可以用来学习。"

除了董遇所提的"三余"外，唐宋八大家之一的欧阳修同样用过类似的方法，即"三上"——"马上""枕上"和"厕上"。另外，鲁迅先生也曾说过："哪里有天才，我只是把别人喝咖啡的工夫都用在了工作上。"

在现实生活中，时间通常是以零碎的形式出现，而且总是悄无声息地以十秒、三十秒、一分钟的形式落入岁月的长河中。如果我们不管不顾，这些零碎的时间就会烟消云散，如同一粒微小的芝麻落入石缝中，很难将它们重新拾起来，从而白白地浪费。

如果我们将这些零碎的时间合理地安排到学习中，那必将会产生惊人的效果。

那么，我们应该如何利用零碎时间呢？总结哈佛的学习方法，我们提出以下几个管理零碎时间的必要方法：

一、学会梳理零碎时间

之所以会产生零碎的时间，是因为我们在做一些事情时，偶尔会产生空当时间，如果我们不利用这些时间学习，这些时间就被白白糟蹋了。因此，我们就要学会梳理这些零碎时间，要善于发现零碎时间。

二、特定的零碎时间做特定的事

周末，很多人都喜欢睡个懒觉，其实是在白白浪费时间。我们可以利用这一特定时间做一些与学习有关的事情，例如，阅读书籍，观看一些网络课程，复习与当前工作有关的知识，甚至是整理自己的工作计划和社交计划，等等。

三、加强个人时间观念

一个人如果没有很强的时间观念，就不懂得珍惜时间，就会让时间一分一秒地溜走，浪费大量的时间。只有时间观念强的人，才会抓紧一分一秒的时间学习。

除了利用零碎时间学习，我们还可以做很多与学习有关的事情：

1. 处理学习中遇到的琐事。例如，资料的搜集整理，学习计划的制订梳理，学习的准备工作，等等。

2. 进行资讯的阅读。每一个领域都有其特定的媒体、网站，碎片化的时间正好让我们可以有时间对这些资讯进行无目的的阅读，这种阅读一方面可以让我们了解领域动态，另一方面也有助于我们的知识储备。

3. 进行讨论、请教。利用零碎的时间，我们可以和身边同学、同事、朋友进行问题的讨论，或者通过社交媒体与领域的专家进行交流。

充分地利用好零碎时间，有助于更好地把握整块时间，如此才能保证科学的时间管理。如果能够适当地利用这些不经意间就会溜走的碎片时间，你将时时快人一步，最终事事快人一步。

◆ 打败拖延症这只拦路虎

现实生活中，很多人都会有这样的抱怨："我有一颗上进的心，也制订了相应的学习计划，可是却很难执行计划，每天都想着还有很长时间，每天都会拖延一点，结果没有一件事情是按照计划完成的。我应该怎样摆脱拖延，高效地学习呢？"

事实上，每个人都有拖延的毛病，只是拖延的程度不同而已。我们认为的哈佛精英，其实很多人也曾经饱受拖延的困扰。

蒂姆·乌尔班（Tim Urban）是一位来自哈佛的学霸，在一次公开演讲中，他讲述了自己的拖延经历。

计划好的事情，最后因为拖延不了了之；安排好的进度，最后只好修改日程……类似的事情比比皆是，最让蒂姆痛苦的是就连毕业论文也因为拖延症而一拖再拖。

　　蒂姆原本计划用一年的时间来完成自己的毕业论文，结果因为感觉一年时间很长，于是开始了无限期拖延，一拖再拖的写作计划，直到论文截止日的前三天，蒂姆才慌了神。

　　在心理学上，拖延症是一种疾病，指的是人们为了逃避某件事情，在可以预料事情后果的基础上，不能很好地自我控制，有计划地将要做的事情向后推迟的一种行为。

　　有的同学认为，拖延只是降低了学习效率，并没有什么大不了的。实际上，严重的拖延症降低的不仅仅是学习效率，也极容易对个体的身心健康造成消极影响。例如，出现自卑心理，不断否定自己、贬低自己；出现强烈的自责情绪和负罪感，严重的还可能伴有焦虑症、抑郁症等现象。人必须学会和拖延症做斗争。

　　因为拖延论文这件事，让蒂姆意外地对拖延问题产生了浓厚的兴趣，于是他开始转而对现代人的拖延行为进行研究。在经过一段时间的调查和研究之后，蒂姆认为人产生拖延症的原因主要有三种：第一种，因缺乏自信，迟迟不敢行动，又或者不断暗示自己要将事情准备好再行动。第二种，要做的事情本身难度很大，或者是需要耗费大量时间精力，不知如何下手。第三种，要做的事情缺乏吸引力，导致我们缺乏动力去执行，例如养成健身、读书的习惯。

　　我们做一件事情时，需要付出一定的成本和资源去克服阻力，包括时间、精力、思考和行动等，我们可以将其称之为动力，动力是推动我们克服阻力、投入行动的内在驱动力。

当动力大于阻力时，我们就能采取行动；当动力小于阻力时，我们就会停滞不前。要想战胜拖延症，就要提高动力，降低阻力。

那么，我们应该如何提高自身动力呢？一般情况下，动力和我们的期望是密切相关的。比如，一个人十分想出国留学，这时他就具备了拼命学习英语的动力。

所以，在了解了这些之后，蒂姆提出一个解决方法，就是当我们想要做成一件事情时，首先要给自己树立一个期望，它可以是我们心心念念想要达成的目标，可以是一种奖励，只要是我们足够重视的事情，就会持续不断地提高我们的动力。

因为，如果我们不做，就可能失去某种东西，例如失去出国留学的机会，或者是受到某种惩罚，例如考试不及格。这种失去和惩罚带来的负面作用，会促使你竭尽所能去避免，这时，你内在的动力要远远超过阻力。

当我们离目标越来越近，就会激活大脑中的"奖赏系统"，及时对当前的行为产生激励，从而让我们能够长时间集中精力去完成目标。

因此，我们可以尝试为自己的目标搜集尽可能多的信息，让细节变得更加丰富，建立框架，构造出一个完整的理想模型。并且要不断地提醒自己，如果我实现目标了会有怎样的结果，没有实现目标会有怎样的结果。

　　比如一个人想要攒钱旅行，为了达到这个目的，他可以挑选一个心仪的目的地，然后尽可能地搜集和目的地相关的信息：照片、游记、攻略、视频、纪念品等，将这些搜集到的信息整理到一起，并置于最显眼的地方，如贴在卧室墙上、办公桌上。以此来作为目标，督促自己攒钱、做功课、学习当地语言。有了这些前期准备，必然会有一个愉快的旅行。

　　也许有人会说旅游本身是一件具有吸引力的事情，能够激发动力，但有些事情并不具备这样的吸引力，甚至没有什么"预期收益"，比如学习，面对这样的事情我们又该如何呢？

　　一个很简单、直接的办法就是立刻开始行动，斩钉截铁告别拖延，让自己尽快进入状态。

　　比如，我们写一篇文章时，想要一个合适的主题，把能想到的内容写下来，构建一个大致的框架图，有了大致的框架，我们就会产生完成整篇文章的欲望，这样一篇文章很快就能写好。

　　如果我们一直将注意力放在"我要写什么主题的文章""我应该从哪里下手""如何才能把文章写好"这些问题上面，就会浪费很多时间，并且很难让自己专注地写文章。

　　在心理学上，这叫作契可尼效应，人们对于没有完成的东西，有一种强烈的执念。当我们做某件事情时，如果这件事还没有完成，就放下它去做其他的事情，这时，我们会感到非常难受，刚开始没有完成的事情，就像是一根刺一样扎在心里，一定要将其拔出才能感觉到舒畅。

为什么会出现这样的现象呢？这是因为，一般情况下，只有将一件事情做完，才能有结果。如果做了一半就放弃，这部分投入的时间和精力就相当于白白浪费了。我们的大脑是很难接受这一结果的。

因此，我们在做任何事情时，都希望有始有终，这样的做事方式才能被我们的大脑更好地接受。

这一方法，其实是利用了这种原理：当我们进入状态想要做一件事情时，就相当于去完成一项任务，我们就会从"要不要做"的心态转变为"如何才能做完"的心态。

完全没有开始做和开始了但没有做完，是两种完全不同的状态。

还未做一件事之前，我们可以心安理得地筹划、思考、权衡、做准备，实质上，我们只是在不断地往后拖延执行的时间。

当我们开始做一件事时，就会想尽办法把它做完，结束悬而未决的状态，这样我们才能更加安心。

我们想要达到这样的效果，就要简化一切步骤。我们在做一件事情时，总是会有这种感觉：需要的操作步骤越多，即使每一步都非常简单，我们也会在内心产生抵触情绪，想要完成它的动力也会越来越低。

比如一个喜欢写作的人，不会坐在书房里，打开笔记本，准备一切得当后才开始写作，他会抓住一切时间，利用手机、便签等一切工具进行记录和写作。

所以，想要告别拖延，就要时刻让自己保持一种随时可以开始执行的状态。

通过简化行动所需要的步骤，尽量减少学习的阻力、强化动力，让我们尽快行动起来。

"做"和"不做"这样的决定，往往是在一念之间形成的。很多时候，我们无限拖延，并不是完全不想做，而是我们产生了行动的念头，却因为烦琐的步骤搁浅了。

实际上，学习的最好状态是因势利导，而不是强迫自己行动。在我们决定去做的一瞬间，就要引导这种意愿，让它通过简单的方式变成现实，顺势利用我们的心理效应去推动它。比如，种下一颗种子，要给它充足的生长环境，让它自己生长发芽，最后破土而出。

想要做到这一点，就要建立起一种习惯：无论在哪儿，在什么样的状态下，只要产生了要做的意愿，只要条件允许，就不要想太多，马上去做。这样一来，我们可以更加高效地完成很多任务，远离拖延，取得理想的学习效果。

第八章

能量管理：永远保持学习热情

◆ 能量是最高效的学习货币

在《哈佛商业评论》中曾有这样一篇关于能量与学习和工作的报道，在报道中，研究人员在对现实案例进行分析时发现，通过延长工作时间的方法来应对日益繁重的学习和工作压力其实并不是一个很好的办法。

在报道中，我们看到了这样一则具有典型性的案例：

年近40岁的史蒂夫·万纳先生是安永会计师事务所的合伙人，他有着非常高的商业地位，与此同时，他也必须面临无比繁重的商业事务。

自从30岁起，万纳先生每天就要工作超过十个小时，有时甚至超过十四个小时，这种状况一直保持了十年。这种超负荷工作让万纳先生总是显得筋疲力尽，他长期睡眠不足，更没有时间运动，也很少能够正常吃饭。

这种状态导致了什么样的后果呢？那就是万纳先生工作时间越来越长，工作效率却越来越低，并且长时间处在心情压抑、身体疲惫、情绪低落的状态下，经常处于情感和生活失控的状态。

对于生活在都市的我们来说，用延长工作时间的方法来应对日益繁重的工作和学习任务已经成为一种理所应当的选择了。然而，我们从没有考虑过另一个问题，那就是这样的投入是否能够换回来足够的产出。

哈佛大学学者吉姆·洛尔对时间投入与工作或学习效率进行了一次研究，研究结果显示，时间投入与工作或学习效率可以模拟为一条抛物线。

在抛物线的一段，随着时间投入的增加，人的效率会持续增加，但到达了一个临界点之后，随着时间的投入，人的工作效率反而会下降，并随着时间投入近趋极致而降至零。也就是说，如果一个人选择二十四小时工作或学习，那么他持续的时间越长，后面的效率越低，到最后甚至可能起不到任何效果。

哈佛毕业生、著名商界女性雪莉·桑德伯格在一次访谈中回忆过她当年的一些经历，其中有一个细节刚好能够反映这个问题。

当年，桑德伯格在谷歌担任团队运营工作时，她经常会遇到一些过于小心谨慎的实习生。这些人在面对领导的时候，总是表现得过于谨慎，不敢轻易推掉任何工作，这导致这些人手头的工作总是满满的，必须要加班才能够完成。然而，当每天早上她到办公室，看到这些熬了通宵的实习生交上来的工作之后，她就会不由得皱起眉头，因为这些工作很少有能够让她满意的。

桑德伯格用这个故事教导职场新人应该学会拒绝，而我们在其中却也看到了一个信息，那就是通过熬夜、延长工作时间去完成的工作，在真正商业人士那里其实是没有效果的。

在我们的身边，类似的故事几乎每天都在发生，为什么熬夜完成的任务最终会一塌糊涂呢？原因就是随着时间的推移，人的效率降到了最低谷，并最终达到了一种全凭惯性而毫无效率的状态。

吉姆·洛尔借此提出一个观点，那就是精力是人学习和工作的重要资源。一般而言，人们习惯将时间、工作工具、学习工具、环境等看作是工作和学习的资源，却往往忽略能量的重要性。如果将学习或工作比作一场交换，我们所付出的货币分别是时间、工具、环境等要素的话，那么能量就是人手中最重要的货币。因而，人工作和学习的效率，往往就取决于投入其中的有效能量。

何为有效能量呢？吉姆·洛尔提出那应该是能够保证人处于专注、镇定并具有高创造力的状态下的能量。人一天中的时间是固定为二十四小时的，但能量的质量却不固定，人可以通过各种方式调整自己的能量，使之处于有效状态下。

凭借这个发现，吉姆·洛尔和畅销书作家托尼·施瓦茨合写了一本名为《精力管理》的书籍，在书中他们提出，人是人而不是机器，人在消耗能量和间歇更新能量之间交替往往会表现出更高的效率。最直观的表现就是，让运动和休息变得更有规律的人，往往能够迸发出极高的效率。

书中举出了一个形象的例子，一个经过锻炼的人，大约会有九十分钟的高能时期，也就是说，在这九十分钟里，他处于拥有有效能量货币。然而，九十分钟时间耗尽，这个人的有效能量开始丧失，于是，他便需要补充能量，最直接的做法是休息。

对于我们现代人来说，仅仅依靠休息补充能量当然是不够的，我们需要更复杂更科学的能量管理方法。不过，在弄清如何科学管理能量之前，我们首先要搞清楚一个问题，那就是我们都具有哪些能量。

一般来说，我们的能量来自四个方面，也就是我们共有四种能量，它们分别是身体能量、情绪能量、内心能量和精神能量。这四种能量的强弱和极值在某种程度上取决于一个人的天赋，但也能通过后天的锻炼加以提升。

身体能量指的是人的身体素质，包括对身体的掌控、爆发力、恢复能力、健康程度，等等。身体能量最依赖于天赋，如一个天生身体强壮的人与一个先天疾病患者相比，其健康程度毫无疑问是较强的。不过，身体能量也有赖于后天的管理，如饮食营养、睡眠、锻炼、有规律的生活，等等。

情绪能量指的是一个人的积极程度，一个人的情绪越是积极，其情绪能量就越强，情绪能量关键在于人对情绪的识别和掌控。

内心能量指的是控制思维的能力。它包括人保持专注的能力、进行创造力的能力、思维的灵活性，等等。

精神能量指的是人在精神追求层面的能力，最直观的表现是理想、动力、价值观，等等，精神能量是驱动人投身于某一项事业或学习最关键的要素。

这四种能量共同决定着某个人在某一时间段的能量优劣，决定一个人可以产出多少的有效能量。了解这四种能量，并学习制造有效能量与科学管理能量的方式，会帮助我们每个人走上正确的学习和工作道路。须知我们的人生不是一场短跑而是一场马拉松，我们需要速度，但也需要韧性，而了解并学会能量管理，就能让我们进行高效的学习。

◆ 能量管理，从发现能量到提升能量

如果我们仔细观察身边的人就会发现，有些人看起来总是精神饱满，但有些人则总是一脸疲惫；有些人总是乐观积极，有些人则总是消沉沮丧……

人的不同表现自然是因为能量的不同，那么，是不是有些人能够产生影响其他人的能量呢？其实并非如此。

Facebook首席执行官扎克伯格曾经向公司内部人员推荐一份作息时间表，他声称自己从在哈佛读书的时候就采用这个作息时间了。

在这个作息时间表中，我们能够看到他和普通人一样的睡眠安排、饮食安排，所不同的是，他能够根据时间的不同，准确地判断出人此时的能量状态。例如，他认为夜里八点人的能量处于一种低效的模式下，人应该用此时来进行娱乐、运动或休息，而不是进行

必须要高效能量才能支撑的重要学习和工作。

扎克伯格的这个作息时间表最终受到了Facebook内部超过63%员工的认可，他们觉得用这套作息来调整自己的时间安排，确实能够保证自己每天的精力充沛。

扎克伯格时间表的普适性可以让我们得出一个这样的结论：有效的能量是自然而然产生的，就像孩子一样到时会睡到时会醒，能量每天都由我们的身体提供给我们，然而问题在于，我们大部分情况下都会错用能量和透支能量，即将有效能量用在不该用的地方或在需要有效能量的时候缺乏能量。

那么，如何解决能量的错用和透支问题呢？哈佛大学研究员吉姆·洛尔提出，做好能量的管理需要从以下四个方面入手。

一、发现能量信号

我们以为能量是看不见摸不着的，其实我们在工作和学习过程中使用能量时，能量也会给我们发出信号，对能量信号的发现和解读是我们做好能量管理的第一步。

夜里睡了一个好觉，早上起来神清气爽，心情舒畅，那就是能量充足的信号；午间没有休息好，我们发现自己浑身燥热、情绪敏感，那就是能量紊乱的信号。

类似的信号还有：犯困、打哈欠、饥饿感、紧张加剧、难以集中注意力、走神、幻想，等等。日常多发现这些信号，会帮助你在能量不足的时候及时停下来休息，一则有利于能量的补充，二则不会因能量的不足而导致学习或工作出现疏漏。

如扎克伯格在时间表里就提出，上午十一点左右偶尔会出现走神、精力不集中的情况，那就要停下手边的工作，转而去茶水间喝杯咖啡，这其实就是在获知了能量信号的前提下对能量进行的管理。

二、进行能量储存

我们都看过弹簧是如何蓄力的，压紧弹簧让它处于蓄力状态，当放开它时就会产生巨大的弹力。能量也是需要储存积蓄的，所不同的是，能量的储存依靠的不是压力，而是放松。这种放松包括睡眠、运动、娱乐等多种方式。

当我们感觉到能量有不足时，除了短暂地休息让它短暂恢复之外，还需要进行长久的蓄力。进行有效的睡眠安排、制订并恪守锻炼计划、进行有计划的娱乐活动，等等，这都是对能量进行储存。需要注意的是，能量不可以一味地储存而不使用，例如我们可以每天睡8小时，但如果睡到18个小时，反而是对于能量的另一种消耗。

三、合理分配能量

当面对繁重的工作和学习任务时，我们就要对能量进行合理分配了。如果将能量无差别地投注于所有事务上，那么毫无疑问，我们是不可能取得想要的学习和工作效果的。

在能量分配时，我们要掌握抓大放小、重点分配的原则，将最有效的能量放到最要紧的事务上去。这要求我们对事情进行重要性排序，对于那些不重要但需要占用太多时间的工作，要果断选择放弃，须知时间与能量的消耗是成正比的，即便你只用了较小的能量，但漫长的时间一样会耗尽你的能量，更关键的是它还会妨碍你能量的恢复。

四、科学提升能量

就像人的运动能力会通过锻炼得到提升一样，人产生有效能量和恢复能量的能力也会因为锻炼而得到提升。这种提升能量的方式包括专注力的锻炼、思维能力的锻炼、身体的锻炼和掌控情绪的锻炼，等等。

前面提到过的雪莉·桑德伯格曾经说过，自己在学校的时候有意地学习过情绪心理学，以便改正自己总是发脾气的问题。现在的桑德伯格，是硅谷最懂得管理团队、最能够与下属进行沟通的首席执行官之一，这不能不说是桑德伯格情绪能量的提升。

能量是看不见摸不着的，却影响着我们每一天的生活、学习和工作质量，进而决定着我们的人生质量。我们想要拥有高质量的人生，就要在能量管理上下功夫，让我们每天充满有效能量，然后将有效的能量应用到最重要的事务上去。

◆ 掌控能量，从掌控自己开始

　　明明知道学习的重要性，却又忍不住去看视频、玩游戏；明明知道遇事要多思考，却又忍不住让惯性思维支配自己；明明知道要未雨绸缪，却又觉得费脑子，非要等事情发生之后再临时抱佛脚……

　　我们的人生就是这样，总是要在自律和失控之间徘徊，然后因为失控陷入久久的悔恨当中。对于能量管理来说，我们可以制订好能力储存计划，可以有序地分配自己的能量，但这一切的前提都是我们能够掌控自己，如果做不到这一点，那么再多的能量也会被浪费。

　　某人按照科学的方法制订了一个七周的作息时间安排，以此来培养自己良好的生活和学习习惯，然而仅仅一周时间，这人的时间安排就被自己打乱了，又是要深夜看球，又是要睡懒觉……

想想我们的日常，我们在精力和智商上与哈佛精英真的有那么大的差距吗？当然不是，只是他们知道该如何掌控自己的能量并做到，而我们有些人是完全不知道，有些人是即便知道也做不到。

所以，要掌控能量，我们必须从掌控自己开始，那么，自我掌控由什么决定呢？我们可以试着先从科学的角度来探讨这个问题。

几十万年前的某一天，一个原始人正行走在草原上，此刻的他正被饥饿和口渴侵袭着，他无比痛苦，四处寻找可以用来解渴的东西。

忽然，他看到不远处有一块闪亮的地方，那是一处水洼，看情况这是还没来得及干涸的雨水。水的出现让原始人更加口渴，但是生存的经验告诉他，喝水洼中的水会让他肚子痛，甚至会因此死掉。他犹豫再三，最终抿了抿干得爆皮的嘴唇，朝着更远处走去。

原始人放弃了水源，但动物不会。如果是一只口渴的野驴、斑马，那么它一定会喝掉水洼中的水，然后生病死去。动物总是被自然本能驱使去做某种选择，但是人却不同，即便是还没有进化出太复杂智慧的早期原始人，依然能够在危险面前压抑自然本能，这就是人类在自然竞争中胜出的原因——人能够掌控自己。

掌控自己，这是人类从幼年时期就已经掌握的一种本领，它不同于支配身体这种自然本能，而是一种意志力层面的能力，是对于自然本能的一种压抑，借此来规避风险或获得更大的收益。

晚上有一场激烈的球赛，有你支持的球队，但你知道第二天有一场重要的会议，如果去看球赛，可能会严重地影响明天的状态，那么你会怎样选择呢？

面前摆着一盘好吃的甜点，有一些甚至是很不常儿的，现在主人让你随意享用，但你最近正在做健身计划，你会为了这些甜点放弃自己的计划吗？

面对上面的这些问题，你会怎样做呢？这其实就是一个由掌控自己构成的能量管理主题。如果不能够抑制住生理的本能，选择那个让自己短暂受益的选项，那么可想而知，你未来的某个阶段一定会付出沉重的代价。以普通人和哈佛精英为对比，在面对同一件事——能量管理上，他们能够制订出完美的能量分配计划，并认真地执行，普通人也能够制订计划但很难执行；哈佛精英们能够为了调整能量而放弃一个不那么理想的选项，我们也能够放弃，但却依然会辗转反侧，进而浪费更多的能量……

区别在何处呢？哈佛大学神经生物学教授齐雷·杜拉克通过研究发现，人的自控力与大脑中的前额皮层直接相关，它支配着人去做那些看起来"更难的事情"。

从能量管理的角度，什么事情是看起来更难的呢？对于用减肥来调整身体能量的人来说，毫无节制地大吃大喝是容易的，而在饥饿中仍能够遵守减肥计划则是非常困难的。前额皮层强的人，在抗拒食物的诱惑时就会表现出较强的自控能力。

杜拉克教授进一步做出解释，前额皮层带给人的影响要由三个要素共同发挥作用：我要做什么、我想要做什么、我不要做什么。

"我要做什么"这部分是帮助人处理好日常的事务，即便这些事务并无乐趣可言，但只要这一部分足够强，人依然能够坚持完成。

"我想要做什么"是帮助人控制目标和欲望，人在面对这部分时的选择，在很大程度上取决于其他两部分。

"我不要做什么"帮助人克服短暂的冲动，尤其是情绪上的冲动，这一部分强大的人自控能力无疑是最强大的。

由此可见，哈佛精英的能量管理之所以能够成功，就是因为掌握了这三方面的力量。当然，对于每个人来说，在进行能量管理的时候，并不能完全依靠人为地加固大脑中前额皮层来应对问题，那么最好的应对方法是在有内在或外在因素对人发出挑战时，根据这三个问题做出正确的解答。

以哈佛精英的能量管理为例。

在进行能量管理时，"我想要做什么"这个问题的答案有很多，但直接答案只有一个，那就是将更多的有效能量放到更为重要的工作或学习当中去。针对这一点来说，一切与之相悖的选项都会被放弃。

"我要做什么"，这个问题的正确答案得益于个人对于能量管理的计划，只要是在完成计划的道路上，即便是做一些枯燥的事情，他们一样可以按部就班地去完成。

"我不要做什么"是对自我的终极掌控，面对这个问题时，人可能已经到达了失控的边缘，那么这个问题就可以作为一个警钟，我们日常要多思考这个问题，进而在能力管理的道路上，不会因为诱惑而放弃。

这里，我们以一个为期十周的能量管理计划为例。

我们的计划目标是，通过十周的能量管理，最终让自己在每天下午两点到四点这个时间段拥有有效能量，完成非常重要的工作任务。

我们的计划是，早上六点起床进行健身和早餐，用一上午的时间处理杂事并预留好下午这两个小时的空白时间。中午进行午餐和午休，午休在一点二十分结束，然后用三十分钟调整状态。一点五十分，我们进入工作状态。四点结束工作之后，用一个小时分析工作的得失并总结一天的工作，六点后晚餐、健身和娱乐。十点准时休息。

我们不要做的事情是：因各种原因停止健身，不按正常时间作息，不睡午觉，上午没有预留好下午的时间。

大家可以看这个能量管理计划，按照这个计划完成每一个细节，并在关键处实现自控、自律，我们就自然能够在下午两个小时的重要时间里拥有有效能量。

掌控自己，是哈佛精英和很多社会精英共有的一个特点。人只有在掌控自己之后，才能够掌控能量，也才能够将最佳的有效能量应用到学习和工作当中，最终获得令人羡慕的成功。

◆ 调整身体状态，时刻保持充沛能量

很多人都会有这样的经历：晚上没睡好，第二天起来头昏脑涨，忘记了前一天做过的事情。这种现象十分常见，主要是因为身体得不到休息而导致的能量缺乏，最典型的表现就是记忆力减弱、精神萎靡、情绪低落和全身乏力。

在学习和工作中，如果我们把身体比喻为一台机器，那么能量就是这台机器提供给我们的动力，如果不能调整到最佳状态，我们也就无法产生有效的能量。

我们的能量虽然有四种来源，但恢复能量的方法却不止四种，如娱乐对应精神、压力释放对应情绪，等等，而如果选择一种能够同时作用于这四种能量的方法的话，身体就是唯一的答案。

身体健康状况的调整，是提供能量这一动力的最直接途径，而调整身体状态的方式呢？哈佛大学给学生们的建议是：休息、运动

和饮食。

一、休息

在休息当中，占最大比重的就是睡眠。

哈佛大学医学杂志曾发表研究论文称：在睡眠的过程中，通过对人脑电图的分析，得出了有关于睡眠的科学理论，一般人的睡眠可以分为非眼球快速运动睡眠（NREM）和眼球快速运动睡眠（REM）。

非眼球快速运动睡眠从夜间入睡开始，这个过程可以随着睡眠程度的深入而发展。在NREM阶段，睡眠者的呼吸会变得缓慢而均匀，全身肌肉得到放松，心率也会随着呼吸而逐渐放缓。

通过进一步研究，这一阶段还可以分为四期，分别是入睡期、浅睡期、中度睡眠期和深度睡眠期。

眼球快速运动睡眠从进入沉睡之后的一个半小时以上开始，在这一阶段，人的眼球会快速转动，人体的感觉功能会逐渐减退，肌肉会更加松弛，呼吸会稍稍加快并且不规则，心率比之NREM阶段也会有所上升。这一阶段，人体内各种代谢功能也会得到增加。

眼球快速运动睡眠阶段的睡眠不足对于人的能量恢复影响巨大。研究显示，如果缺乏眼球快速运动睡眠阶段的睡眠超过四天，那么人身体自我修复能力就会受到损伤，人就会出现因为缺觉而导致的各种能量不足问题。

而且，即便拥有足够的眼球快速运动睡眠，睡眠质量的好坏也会在一定程度上影响人的休息，进而影响到能量的恢复。

除了睡眠之外，身体的休息还包括战略性休息，如冥想、静坐、发呆、深呼吸，等等。哈佛大学给学生的休息建议是制订出一套合理且能够实行的休息计划，例如睡眠计划、疲劳间歇的休息计划，等等。

二、运动

所谓生命在于运动，运动是人生活中必不可少的活动，然而运动计划的制订也要遵循科学。

哈佛大学健康专家指出，能够帮助我们调节身体健康的运动，应该是适能运动。所谓适能运动就是指，在精力充沛且身体条件允许的前提下，进行的一些重负荷运动。这种运动区别于一般走过场式的慢跑、散步，但也有别于强烈的负荷运动，而是对身体机能的一种略微刺激。

专家进一步指出，这种运动应该从以下几方面考量。首先，身体指标。在运动时，要注意肌肉力量、耐力、柔韧性、心肺功能这几项身体指标的检测，尤其是心肺功能，它是最能代表人当前运动量与身体负荷程度的指标。其次，摄氧量。最大摄氧量代表着每个人有氧运动的极限值，也就是人体能够利用的、参与到能量产出过程中的氧气最大值。这个指标不但能够指导我们进行科学运动，还能让我们检测到身体是否健康。再次，疲劳程度。疲劳程度只是身体对运动的反应，当身体出现疲劳的信号如酸痛、反应迟缓等时，我们应该主动调整运动计划。身体的疲劳程度可以让我们衡量自己的健康程度，也有助于我们进一步优化运动计划。

哈佛大学是著名的不开设运动课程的学校，然而，不开设运动课程不代表不重视运动。事实上，整个哈佛大学的运动场馆数量是全美大学里面最多的。就是依靠着科学的运动，哈佛学生才能够拥有健康的体魄，进而迸发出高于一般人的学习和工作能量。

三、饮食

食物是身体能量的主要来源，某关注健康的网站曾推出过一组数据，主题是我们的身体每天需要消耗多少来自食物的能量。

例如，一个一般活动的成年人，每天消耗约1万千焦能量，而一个60千克体重正处于学习中的男性，平均每天能量消耗能量大约为12600千焦。1千焦约等于239卡路里，也就是我们通俗说的0.24大卡。而食物中的大卡数量约为：一碗米饭100大卡，一杯可乐200大卡，一斤肉1500大卡……

通过这个数据换算，我们大致能够理解食物和能量之间的转换关系。然而，饮食的关键在于合理饮食，摄入食物过少，身体健康会受到影响，我们的能量就会告急；而摄入食物过度，身体需要额外的能量来消耗食物，反而也是对身体和能量的负担。

针对不同的人，其饮食计划可以各自制订。这里，我们以扎克伯格曾经曝光的食谱为例：

早餐：一杯热柠檬水和一份水果冰沙；午餐：茶、煎牛肉和蔬菜；晚餐：葡萄酒、鱼类、肉类和蔬菜……扎克伯格的食谱对于有些人来说可能有借鉴意义，但对于大多数人来说似乎也没有必要完全参考。我们制订自己的健康食谱，一般都是以低脂肪、低糖、低胆固醇为主，具体吃些什么就因人而异了。

饮食上面的健康，是最能够直接反映在我们身体以及能量的提供上的。但无论如何，身体作为能量的来源，进行合理的运动规划，科学饮食，让饮食、运动与科学睡眠相辅相成，只要我们坚持去做，就能够给我们一个充满能量的身体。

我们的身体就像一台机器，有的时候需要不停地转动，有的时候也要懂得适度休息。工作和学习的时候拼命使用能量，休息的时候就让自身能量快速充满，须知劳逸结合才能够高效利用能量，才能够从根本上提高学习能力。

第九章

心态管理：别让心态成为学习的障碍

◆ 哈佛大学的幸福课

一直以来"经济学导论"都是哈佛大学的王牌课程，然而在2008年时，一门名叫"幸福"的选修课如黑马般成了最受欢迎的选修课程，主讲师是一位名不见经传的年轻博士——泰勒·本·沙哈尔。时至今日，泰勒·本·沙哈尔教授早已不再讲授幸福课，但是这门共23讲的课程仍旧在网络上广为流传，被更多哈佛以外的人看到并学习，受益良多。

获得幸福很重要吗？幸福感与学习又有什么关系呢？为什么这门名叫"幸福"的课程这么受到人们的青睐呢？

本·沙哈尔认为，幸福感是衡量人生的唯一标准，是人来到世界上最重要的追求，是所有目标的终极目的，当然也包括学习。学校开设的很多课程都是在教学生们如何更好地思考、更好地写作、更好地阅读，却很少教他们如何获得快乐，怎样更好地生活，但其实当他们真正获得快乐和幸福时，在学习和思考上也会到达更高的水平，学习能力也会自然而然提升。

事实上，本·沙哈尔教授的幸福课，严格来讲是一门心理课程，名为积极心理学，这门课程如此受欢迎也并不是偶然。

本·沙哈尔在第一堂课上说过这样一段话，一直以来，人类的自助运动都是以人生繁荣、快乐、幸福为主导精神。在自助运动中我们能收获什么，我们可以看一些有趣、通俗易懂的书籍或听一些这样的讲座，而且演讲者可能开朗活泼、魅力四射、身材高大，能够吸引人们走进他们的工作室或者课堂，但是，很多这种书、讲座都言之无物，往往是语言上的巨人，行动上的矮子，比如《获得快乐你需要知道的五件事》《成功领袖的三要素》等。另一方面，学术界的人也会研究，学术给我们带来了什么，我们从中获得了大量精准的内容，将数据反复分析，这些知识很有用，做法很有效，但是这里也有一个大大的转折，读学术期刊的人并不多。试想，这个课堂之外有多少人读过近十二期的《人格与社会心理学杂志》？很多人甚至都没有听说过，我的博士课题带头人曾估算过每篇学术期刊上的论文，平均只有7个人读过。要命的是，这些读者中可能还包括作者的母亲。事实很可悲，我作为学术界的一员感到很可悲，因为这些文章很优秀很重要，能够产生重大影响，有着深远意义，但却不太能为大众所接受。基于此，我们引入了积极心理学，积极心理学的宗旨就在于能够搭建沟通象牙塔和大众的桥梁。换句话说，就是将精确实施、经验基础等源于学术界的知识结晶与自助运动和新时代运动相结合，从而两全其美，这也解释了积极心理学受欢迎的原因。

从本·沙哈尔的这段话中不难发现积极心理学的根本目的其实是希望引导人们自觉学习含金量更高的知识结晶（也就是前面提到的第三种知识类型），并真正从自己的行为中获得幸福感。也许你会疑惑，一门心理课程能有这么大的作用？而本·沙哈尔则用自己的亲身经历证明，积极心理学的确行之有效，他说："我知道它是可行的，因为它深深帮助了我。"

进入哈佛大学后，本·沙哈尔最初选择的专业是计算机集中器，到大二时，他突然意识到自己是在一个人杰地灵的地方，周围都是优秀的学子和杰出的教师。当然他本人也很出色，不管是在专业上还是体能上乃至社交上，都表现得游刃有余，一切都很顺利很美好。然而他并不幸福，这种感觉让他逐渐失去了学习的动力，开始怀疑自己的选择。至此，他决定找出原因，使自己能够幸福地学习。

后来，他决定将专业换向哲学及心理学，从自助学习转向学术研究。在孜孜不倦的探索中，本·沙哈尔的幸福观逐渐明朗起来：幸福，应该是快乐与意义的结合。最终，他也终于找到了自己的人生的意义，站在了讲台上，向学生们传达他通过研究探寻到的答案，帮助更多人幸福、乐观地学习和生活。

本·沙哈尔想用他的经历告诉学习者，在选择课程、科目之前，在考虑进入哪个领域之前，一定要选择自己最感兴趣的那一个，不要因为这个科目简单容易学，这个课程容易得A，这个证书好考而盲目选择学习的领域，因为这样到最后你会发现自己即使得了好成绩也没有什么成就感，甚至于这个专业的毕业证书对你之后的发展都没有帮助，即使拿到了某个职业资格证，也不想去从事这方面的工作，显然，之前的学习都是在浪费时间。

但是仅仅有兴趣就可以了吗？当然不是。

除了兴趣，你还要考虑自己的优势和特长，你要保证能在选择的领域里学习、工作达标。换言之，如果你选择的完全是自己不擅长的领域，不管是多努力地学习、工作，都没有什么成效，你的积极性就会逐渐消磨，兴趣也会变得索然。

而这也正是本·沙哈尔的老师教给他的一个生活方式、学习方法。

本·沙哈尔毕业时，他的哲学老师给了他这样的忠告：生命非常短暂，在做选择前，先把自己能做的事情确定下来，然后从中选择想做的，接着再细化，找出真正想做的，并快速付诸实践。

本·沙哈尔也这样教他的学生们，在行动之前先问自己三个问题：第一，什么带给我意义？第二，什么带给我快乐？第三，我的优势是哪些？接着从答案中找到交集点，那就是你能做的、想做的并且会感到快乐的事情，包括学习和工作。

本·哈沙尔的幸福课，传递给我们的是精英们的心理自助方法，学习并掌握这种方法，就是很多人获得幸福人生的秘诀，下面是10条哈佛大学幸福课的小贴士：

1. 不要违背内心的热情，一定选择那些你认为有意义且能获得快乐的事情去做。在选课时，不要盲目从众，选择多数人或者朋友、舍友上的课，也不要一味遵从别人的建议，更不能只是为了轻松取得好成绩而选择一门课程。

2. 学会并正视失败。纵观历史，但凡有所成就的人都是敢于付诸行动且经常失败的。成功没有捷径，不要被失败绊住你前进的步伐。

3. 不要远离亲情友情。日常工作学习再忙，也不要忽略了亲密的人际关系，因为它最有可能给你带来幸福。

4. 接受人性的弱点。一个非常乐观的人也不总会是保持着积极情绪，失望、悲伤、烦恼……都是人性的一部分，严格来说，正是有了它们，人才是完整的，接受它们并当作自然之事，允许偶尔出现失落和伤感，在这时候可以问问自己，能通过做什么来让自己感觉好受一点。

5. 让生活简单点。更多不代表会更好，你是否为了学习更全面的知识而选了太多课程？你是否为了提升自己一股脑儿规划了太多？你是否参加了太多活动，报了太多培训班？精益求精，不在于数量。

6. 锻炼必不可少。体育运动应该是你生活中最重要且必要的事情之一，有规律地进行锻炼——最好每周3次，这样每次三十分钟就能很有效地改善你的身心健康，效果比得上顶级的心理药物。

7. 保证充足的睡眠。虽然熬夜通宵是不可避免的，但在大多数时间每天保证七至九小时的睡眠是一项很棒的投资。不要以为熬夜学习就是节约时间，好的睡眠会让你在醒着的时候更有创造力，学习工作更有效率。

8. 每天或每周记录令你感激的事情。不要把家人、朋友对你的好当作理所当然，不要把拥有的健康、教育当作本应如此，它们都是你生命中的礼物，记录点滴恩惠，保持感激之心。

9. 慷慨助人。也许你现在没有那么多时间，也没有足够的财富，但这不能阻止你帮助他人。慷慨，并不一定要与富有挂钩，"给予"和"获得"是一件事情的双面，帮助他人也是帮助自己，帮助自己也会间接给他人带来便利。

10. 一定要拥有勇气。勇气不是没有恐惧，而是心怀恐惧依然勇往直前。

◆ 积极情绪的秘密

两千年前的亚里士多德说："快乐是人生的意义和目的，人类存在的最终目标。"威廉·詹姆斯在其著作《宗教经验之种种》中写道："如果要问，人类生命中最担心的是什么？我们得到的答案是快乐，如何获得、保持以及重获快乐是多数人时刻怀有的秘密动机。"

事实上，很多不同时期的思想先驱者都曾强调过快乐是人类追寻的最终目标。简言之，快乐是重要的，但是为什么？快乐应该是重要的吗？人生有太多的事情要去做，为什么偏偏把快乐作为最终目标、由快乐主导生命活动呢？从另一个角度来阐述这个问题，即幸福、积极情绪、积极心理有什么好处？

首先，积极情绪本身就能使我们感觉良好。大量研究表明，积极情绪能够使人的思维更开阔，更富有创造力，对身心发展乃至社会都有帮助。更重要的一点，它能有效克服消极情绪，更有利于学习，提升学习效率。

学习效果固然与智力差异关系密切，但学习态度、学习方法、学习时的状态都能对其产生深刻的影响，而情绪是其中非常重要的影响因素。一个带着积极情绪去学习的人和一个带着消极情绪学习的人，最终的学习效果可以说大差地别。带有积极情绪的人在学习中能够保持高度集中，专注力会有很大的提升，遇到难题不会退缩，具备挑战热情，思维更加活跃，对待同一个问题会有更多的解题思路，能够做到举一反三。

在哈佛校园也会有这样的情况，一个很聪明智商很高的学生，因容易受到消极情绪影响，在学习时常常是闷闷不乐的状态，学习态度不佳，所以各方面成绩也好不到哪里去，而那些智商并不是很拔尖，但总是保持着积极情绪去学习的学生，往往能够在各个学科中保持着优异的成绩。

然而，现实中我们不可能一直保持着积极情绪，相反，人更容易被消极的情绪感染，甚至沉溺其中。或许是考试没考好，又或许是被上司训斥了，又或者遇到了意外事件……这些可控的和不可控的事情都很容易给人们带来消极的情绪，对学习、生活产生负面影响。

当然，一定程度、一定时长的消极情绪是正常的，但是接连几天或者更长期就属于异常信号了。我们不可能完全杜绝消极情绪的产生，但是尽快从中恢复是非常有必要的，也是我们在学习过程中应该重视起来的问题。

哈佛大学的幸福课第二课表明，心理学这一学科对于积极方面的研究远远比不上消极方面取得的成功，它着重向我们展现了人类的过失、短处、缺点，却很少谈及潜能、长处、美好愿望。积极心理学的开展正是希望促成一种变化，将心理学的关注点从补救生活中最糟糕的状况到建立生活中最美好的事情，通过专注于研究有效的东西培养积极心态和情绪，从而有效抵抗消极情绪的产生。

毕业于哈佛大学的美国哲学家梭罗，认为现实中的大多数人都活在沉默的压抑之中。弗洛伊德认为人们在舒适地麻木。而积极心理学则认为人们都处于一种"生病的状态"，且具有两种应对疾病的模型：疾病模型和健康模型，积极心理学的本质就是健康模型。

疾病模型的理念是，你感觉不舒服，原因是病了，把病治好你就会健康，强调回归最初的状态，免受伤害即可。

健康模型的理念是，你感觉不好受，那是因为你不够健康，你缺少或者没有追求那些令自己健康的东西，强调的是突破自我，身心达到更高水平。

摆脱消极情绪并不意味着就能获得积极情绪，健康模型倡导增强自身优势，培养并提高自身能力，增加心理免疫能力，建立强大的心理防御系统，让生活质量达到正值，并在此基础上螺旋上升，培养积极性和个人优点，培育激情（热情所在），而不是单纯的预防或躲避。逃避是无法解决问题的，治疗也不再只是修复不健康，更要塑造积极正确的东西。

心理学上有一个概念叫作"负面偏好"，表示人们通常对坏事的关注度更高，印象更深。比如，一句坏话通常比五句好话留下的印象还要深刻，这也是为什么心理学注重研究消极方面。随着时代的发展，这种模式其实早已过时，所以我们的关注点也应该发生转移，专注于构建美好的事情，专注于优点比缺点更重要，因而不要再问"为什么很多人颓废堕落"而是要问"为什么很多人能在环境恶劣的条件下依然成功"。

本·沙哈尔教授在授课的过程中不止一次提到电影《让爱传出去》，他说："笑容是可以传染的，积极的环境能改变人。积极情绪的产生源于我们的幸福水平，而我们要做的就是用正确的方法提升自己的幸福水平，即通过内在的改变，认知心境的改变。"

此外，他在哈佛课堂上也给出了保持积极情绪的重要方法，比如应该从哪些方面入手，关键点是什么。

首先要认识到消极情绪和积极情绪都是人性的一部分，只要活着就不可能一直是快乐的。本·沙哈尔说只有死人和精神病人才能保持水平如一的快乐，别妄想改变情绪的组成，重要的是面对现实。快乐的人和不快乐的人区别不在于是否拥有痛苦，而在于能否迅速地从痛苦中恢复出来。学习积极心理学之后，并不意味着你不会再消极，而是你不会再轻易沉溺于消极，因为你的心理免疫系统得到了加强，你更有勇气去改变自己能够改变的事情，接受自己无能为力的事情，在认识到世界的残酷之后依然热爱生活。

多关注自己和他人之间的联系和共同点，不要常常以"对立"的眼光去看待周围的人和事。你是否有过这样的感觉，在心情愉悦时，会觉得自己与周围融为一体，是整体的一部分；反过来讲，当你下意识地去关注共同点，尝试融入集体时，心境也会发生变化，而积极的心理又会加强你与他人甚至环境的认同感，从而促进积极情绪的产生和保持。对于身边的事物的新的变化，用积极的态度去看待，会让你更敞开心扉，以开放、接纳的姿态从容适应。

最后一点，不要刻意隐瞒自己的消极情绪。我们在影视剧中经常会看到这样的场景：当有人问，你怎么样的时候，即使他的状态很糟糕，也会说一句"我很好"。实际上，现实中的我们也常常这样，尽管生活一团乱麻，还是希望向别人展示出来美好的样子，或许是出于自尊，或许是情势所迫，又或许是善意的谎言，但即使如此，我们自己不能被假象欺骗。伪装消极情绪不会使其消失反而会加重，追求真正的积极心态才是最终目标，所以不要用所谓"我很好""还有人比我惨"的口号安慰自己，重要的是发泄，是找到走出来的途径。

走出消极情绪的关键就是刺激积极情绪的产生，有什么样的途径呢？

现实中多数人通过获得身体感觉上的快感来调动积极情绪，比如吃甜食，刺激体内主张兴奋的激素水平；疯狂购物，利用多巴胺；外出旅游等。这样的行为的确很有效果，但也有缺点，一是持续时间短，二是可能会导致消极的后果，但不论如何，这的确让我们有了更多路径去获得积极情绪。当然，我们也可以通过良好的人际交往、与家人共处等方式获得宽慰。

但其实，本·沙哈尔教授表示幸福或者说保持积极情绪的最佳方式之一是欣赏人性美好的部分，有两个途径，一是感恩，二是传递。传播自己的快乐，慷慨帮助他人，存有感恩之心，当你的周围充斥的都是美好的时候，你的心情自然也会愉悦起来。尽管当下可能没有效果，但当你欣赏时，这美好的部分就会增值，而你终将从中获得积极情绪，所以当心情低落的时候你可以尝试多些善举或者写下自己感激的事情。

此外，另一种长久保持积极情绪的最佳方式是发挥个人才能。正如心理学家罗杰斯发挥个人潜能理论和马斯洛需求层次理论所阐述的那样，一个人的自我价值的实现会使他长久地保持积极情绪。所谓自我实现并不是非要有巨大的成就，也可能是从小事中取得的成就感，比如懂得了某个理论、学会做一道菜、用自己的知识帮助了别人等。当然最为长久的还是找到整个人生的价值，发现自己的专长并不断发展，然后通过学习或工作把优势展现出来。

总之，人都会有情绪失控的时候，偶尔的悲伤、失落、郁闷是正常的，但长时间走不出来就会严重影响我们的学习工作以及身心健康。在情绪积极的情况下，学习效率也会更高，劳逸结合是必需的，积极情绪的保持更是必要的。

◆ 暗示的力量

相信很多人都听过这样一句话：你想成为什么人，你就会成为什么人！这句话的意思是，当内心笃定一个信念的时候，我们会给予自己一种暗示，而这种暗示随时间变得强烈的话，就会给我们强大的信念支撑，进而让我们在遇到困难的时候不惧怕、不轻易放弃。

Facebook的首席运营官、哈佛校友雪莉·桑德伯格说过，她非常喜欢一部动画片，这部动画片里面有一头大象，这头大象在房间里接起电话的时候总会说："我是大象。"

在英语中，"房间里的大象"是一句十分隐晦的谚语，它指的是有些东西虽然显而易见，但是人们会因为各种各样的原因去骗自己它不存在。

那么，桑德伯格对于大象的青睐是什么原因呢？她自己解释说，只有怀有强烈的信念的人才会坦诚这头大象的存在，然而当能够坦诚大象的存在之后，这头大象才会轻而易举地被赶走。也就是说，她在遇到问题的时候，总是在内心深处暗示自己——问题是能够被解决的，进而依靠解决问题的信念来打败心里和现实中的"大象"。

暗示的力量有多大呢？在哈佛大学心理系担任多年主任的罗伯特·罗森塔尔曾经做了这样一个实验，来再次说明这种暗示作用。他随便走进几所学校，到一个班级说要给学生们做一个测试，然后去告诉老师他的学生们做了一种"快速迸发者测试"，可以找到最有潜力的学生，当然这对学生本身是保密的。然而，事实上，老师不知道的是罗森塔尔给学生们做的仅仅是普通的智力测试，并且交给老师的所谓"最有潜力"的学生名单也只是随机抓阄确定的。学年结束后，罗森塔尔再次回到学校，查看了这些学生的成绩，他发现不管是英语还是数学都比其他学生进步大得多。随后他又给所有学生们做了智力测试，得到了更为权威客观具有决定性的事实依据——被标签为"快速迸发"的学生，智商在一年内有很大增长。

实验的结果令人不解，一般来说，智商水平是与生俱来的、恒定的，或者说大家都这么认为，但是结果却颠覆了这种认知，是幻觉吗？当然不是，事实已经摆在了眼前。

事实上，每个人是有潜力的，只不过我们常常选择无视，而罗森塔尔教授的这个实验正是通过潜意识的作用让老师们把已经存在的但常被无视的现象重视起来，后来这种潜意识就真的变成了现实。反过来也是一样，另一位教授杰米森做了一个角色互换的实验，就是选择两个由同一个老师授课的班级，告诉其中一个班的学生说他们的老师在以往的学生中评价极高，且被认定是十分优秀的教师，结果一段时间后，这个班级学生的成绩较另一个班级整体有了明显提升。学生在潜意识里相信老师是非常出色的，结果他们的成绩就有了很大进步。换言之，学生们认为老师的潜力是巨大的，便通过成绩把它变成了现实。

除了学校和老师，很多企业的老板和员工也进行过类似实验，结果如出一辙。

以上实验都表明了暗示、信念、意识的重要性。这也给了我们一种启示，如果能把暗示的力量用在学习上，学习的效果、效率都很有可能获得明显提升。就像上面例子中的学生一样，他认为"我的老师是非常优秀的，那么我肯定能学好"，结果真的学习就进步了。所以在学习中引入暗示是很有必要的，但关键是你要无条件相信自己心中的那个暗示，不能有所怀疑，并且能够因为暗示而发生行动上的改变。

有的人说，在考试前，我给了自己暗示，说一定能考过，为什么没有过呢？

这显然对暗示作用理解得有偏差，暗示不是许愿，不会像"阿拉丁神灯"一样马上实现你的愿望。暗示真正的作用是在无形中改变你的行为，让你按照自己希望的那样去做并最终达到目的，这是一个长期的过程。

例如，老板派给你一项重要任务，告诉你你最近的工作状态很好，工作能力有很大提升，你心里就觉得你一定能很好地完成这项任务，有了这个暗示，你更加积极努力地学习，寻求他人的意见，认真地分析研究，果然最后任务圆满完成了。

所谓的暗示，更确切地说是一种信念。当你自己都不相信自己时，暗示不会产生任何作用，因为它称不上是信念，但是我们身边很少有像例子中的那样会善意欺骗我们（有潜力、你很棒、你能学得好）或者一直鼓励我们的人，所以，这就要求我们自己给自己暗示，那么怎么给呢？难道说一直默念"我是最棒的"？

哈佛幸福课教授本·沙哈尔在课堂上给出了一些方法，而这些方法也令哈佛大学的学生受益良多。

什么样的方法呢？总结如下：

就是营造一种情景，进入一种角色，不过，我们需要注意的是，消极的情景带来的是消极的现实，只有积极的情景能够带来突破性的积极改变。关键是我们如何营造这样一个积极情景，通过进入某个积极角色获得自我提升呢？

首先来说一项研究成果或者一个简单的概念：影射，它是指在我们的意识或潜意识中植入一粒种子、一种信念、一个词或一幅画面，从而对我们的行为产生影响。当影射是积极的时候，人们会产生积极的行为，反之则会不自觉变得消极。

在日常生活照中，我们就可以通过影射来为自己创造积极的情景。例如，欣赏爱的人或者地方的照片。

电视剧、电影中，我们常会看到这样的桥段：男主人公在外打拼，遭受了打击后，会挣扎着坐下来，拿出爱人、亲人的照片，然后重燃斗志，这不是绝对的感性化表达，而是有一定科学依据的，尽管他们不在身边，但潜意识已经感受到了他们对你的支持、关心甚至是期许，因此会变得更加坚强自信。

在自己的学习或工作的周围挂上喜欢的画作、名言，甚至不必是名人的，对你自己而言有意义的即可。就像鲁迅在课桌上刻了一个"早"字就不再迟到一样，当你看到"成就""成功""坚持"诸如此类的字眼时，就算几秒后忘记了，大脑却依然记得，并可能在无形中改变你的行为。

多看看激励你的电影，听热血激昂的音乐，也可以帮助你营造积极的情境。

多看一些含金量高的书籍，比如本·沙哈尔教授推荐的《精力管理》《积极思考的力量》《秘密》等。

当然，这也为教育提供了良好的途径。如果你是父母，尽可以通过积极的影射去教育自己的孩子，不过分纠结孩子的弱点，而是告诉他，你可以，你很棒！

在学习上善用暗示的力量，只要相信你心中积极的想法，学习的效果、效率就会在很大程度上提升。

◆ 塑造自励心，让目标可望亦可及

　　拥有强大目标感的同时，我们还应塑造自励心。自励心通俗点说就是自己勉励自己、激励自己，从而增强自信。现实中，我们很容易以旁观者的视角去鼓舞别人，却很少懂得该如何激励自己；相反地，我们常常会自我打击。

　　无论学什么，大多数人最先出现的想法往往都是这类的：

　　我太笨了，学不会！

　　我天生没有数学细胞，所以学不好数学！

　　我怕水，学不了游泳！

　　我方向感不好，学不了开车！

　　我是手残党，学不来化妆！

　　我身体太硬了，练不了瑜伽！

　　……

这些都是消极、负面的心理，它似乎是人类的本性——为可能的"失败"找借口。因为这样说，即便最后真的没学好，也已经有"充分的理由"摆在那儿。也许人们会觉得一番"豪言壮语"后的失败，要比提前找好"台阶"的失败更没面子。所以，总是在学习之前就无形地给自己设置各种障碍，原本的激情也瞬间被一瓢冷水给浇灭。

对哈佛幸福课有所了解的人，应该对积极心理暗示的巨大作用都有所了解。在面对同样的问题时，如果我们这样对自己说：

我相信自己是可以的！只要我足够努力，就一定能成为自己想要成为的人！

与陆地上相比，在水中自在畅游肯定别有一番滋味！

学会开车，我就能随时随地去旅行！

学会化妆，我也能很轻松地成为精致的女孩！

练瑜伽，我就可以拥有梦寐以求的好身材、好气质！

……

对比以上两种截然不同的想法，很明显，后一种会让人更有学习的动力。不要轻易地局限自己，你要相信一时的不成功，并不代表一辈子都做不到。

作为世界顶级的学府，哈佛之所以能成功培养无数的社会精英，其中很重要的一点就是哈佛让学生们变得更加自信。哈佛会告诉他们："有信心的人可以将渺小变成伟大，化腐朽为神奇。"

美国畅销书《学习之道》的作者芭芭拉·奥克利，曾讲述自己在少年时期是个数学学渣，她甚至都搞不清楚钟表上的点数，从初中到高中，她的数学成绩一直都很糟糕。参加工作后，由于现实需要，她又开始学数学。起初当然付出了不少努力，但她从未因自己数学底子差而给自己找借口，反倒是越学越起劲，越学越顺畅。最终，曾经的数学学渣成了美国奥克兰大学的工程学教授。

相信大多数人的数学基础要比芭芭拉好得多，至少我们能看懂钟表上的时间。

无论是否因当今信息时代所迫，人们都渴望在有限的时间内通过学习提升自己。遗憾的是，我们又常常对自己的潜力充满着怀疑，同时天性使我们习惯趋利避害、拈轻怕重。很多人不是由于没有目标而放弃学习，而是因为"不可能"的信条打了退堂鼓。稍微需要费点脑力、体力的事情就会让我们变得敏感、胆小。

事实上，如果能够越过消极、怯懦的心理，或者换句话说用积极、正面的心理去面对，那么我们也许会有"柳暗花明又一村"的收获。举例来说，给你两道数学题，一道是 3×7，一道是 13×17。

通常我们能很快就算出前一题的得数是21，而后一题则需要思考一番。你要么用计算器来算出得数，要么在纸上列竖式计算，更厉害的还可以运用心算技巧来得到结果。很显然，解第二道题的难度要比第一题大，大部分人肯定更喜欢做简单的题目。

为什么第一道题对我们来说就很简单，难道在于它们只是一位数相乘吗？当然不是。300×700，我们同样可以很快得出答案，至少比第二题快，因为我们会乘法口诀。

试想一下，当我们还不会乘法口诀，甚至不会乘法时，对于我们而言，这两道题的难度是一样的。再进一步思考，如果我们掌握了两位数、三位数，甚至多位数乘法规律，那么类似第二道题的得数是不是也就能立即脱口而出了呢？这样的人通常会倍受称赞，就像《最强大脑》节目中那些心算达人一样。而解出第一题的人并不会被另眼相看，除非你是幼儿园小朋友。

是天赋阻止了我们不能成为心算达人吗？看看《最强大脑》那些人的经验分享，你就知道并非如此，他们中的多数人在之前也不过是普通人。所以我们完全可以告诉自己"我也一定可以"，而不是用各种借口推出的"我不行"。

李柘远是一名90后，18岁时考入美国知名大学本科，并享受全额奖学金，22岁入职全球顶尖的投资银行高盛，后来辞职创业，25岁时又考进哈佛大学商学院。这么光鲜的经历是许多人想都不敢想的，其实在2006年以前，李柘远也不敢这么想。

那时的李柘远和国内许多高中生一样，觉得能考进清华、北大，就是一件很不容易的事情，何况是历史悠久的哈佛、耶鲁之流。直到15岁的时候，他偶然看到了国内的高中生考进这些全球顶尖学府的消息，这激发了他的自信心。于是这位少年坚定地写下了：Leo，

You can do it。三年后，他成了耶鲁大学首位从中国福建直接录取的本科新生。

自励心让李柘远跳出自我束缚，向遥不可及的目标发起冲击，并最终获得成功。如果他一直存有15岁之前的不自信与畏难心理，对顶级学府望而却步，他将永远没有可能成为其中的一员。

当然，自励心不等于过度自信，前者建立在对自身的理性思考上，后者则是对自己的盲目认知。

自励是一种积极正向的心态，它在带来自信的同时，也会使人变得意志坚强。因为主观的自励是自觉性、独立性、无畏性的表现，拥有自励心的人行事更加积极主动，更容易直面挫折与困难。就像《水调歌头·重上井冈山》中所写："世上无难事，只要肯登攀。"唯有拥有强大的自励心，你的命运才能始终掌握在自己手中！

◆ 进行压力调节的方法

压力是全球性的，不限于个人或者某个地区。尤其是在当今这个快节奏的时代，人们的聊天话题常常离不开压力，不管是学习、工作还是生活，不管你的职业是什么，似乎无一幸免。

当然哈佛大学的学生也会有压力。美国有一家机构专门做了一项有关压力的调查，调查分为两个类型，一是面向哈佛大学这样的高等院校，二是面向普通人群。在调查结果没出来之前，很多人猜想，在哈佛这样人杰地灵的院校，竞争如此激烈，压力可想而知，肯定大多数人都会承受着极大的压力。

然而，结果显示，哈佛大学所有学生中有47%的人表示压力很大，其余的学生则表示压力对他们尚未造成困扰，虽然这个数字并不算低，但要比人们预期的乐观得多；而普通人群调查的结果也出乎预料，有45%的人表示自己压力极大，这个数字跟哈佛大学的调查结果相差并不大，且这些普通人的压力程度似乎比哈佛大学的学生要更严重。

这表明，哈佛大学学生的压力调节能力要更强。

通常来讲，适当的压力能够带来动力，激发人的斗志，但这种积极的情况越来越少，大呼"压力太大"的人却越来越多，而长期处于巨大的压力之下，更容易导致抑郁的产生，因此如何在压力中维持好的身体和心理状态，与压力共处，也成了多数人共同的烦恼。

压力是有程度区分的，超过了一定限度后就会对身心造成不利影响。这其中有很多信号，不单单是感到焦虑、无法静下心来做事情那么简单，比如，莫名喜欢上高热量的食物，即使不饿也常在半夜暴饮暴食、脱发严重、对很多事情产生抵触情绪、对周围的任何事充满敌意、变得非常敏感、习惯性拖延等。当出现以上现象或者有所苗头时，就应该重视起来。

压力是如何产生的，又是如何变得越来越严重的呢？

首先，需要处理的事情数量严重超标，在极短的时间内要面对非常多的事情。换言之，制定的目标不合理、安排的事项不合理，比如要学习非常多的课程、报了太多培训班、接到了太多的任务等。本·沙哈尔教授就分享过这样一个例子：

一个来自哈佛工商管理学院经济系的学生，在大二的时候，每个星期都给自己安排很多事情，包括骑马、射箭等运动以及参加各种讲座、画展和课程。刚开始还好，但从第三个星期开始，他就有些力不从心了，给自己安排的这些事情连一半都完成不了，压力也越来越大。一个学期后，本打算通过安排多种事项提升自己的他，相比之前反倒退步了很多。后来，在教授的建议下，他将一些任务剔除，才慢慢回归了正常状态。

其次，人们在解读了情景之后，发现自己没有能力解决，不足以应对，就会产生压力。比如这么多课程，我分身乏术；这项任务太难了，我做不到；马上要考试了，我肯定应付不了……诸如此类，这样的事情堆积得越来越多，压力自然也会不断上升。

在对压力的理解上，人们往往存在一些误区，比如压力都源于不好的事情。实际上，不管是好事还是坏事，都会带来一定的压力，关键还是在于你能否应付。比如，结婚是好事，但其中的烦琐就会让人们感觉到巨大的压力；再比如考研、考博，产生的压力也不容小觑。

每个人都有压力，但大小不同，且在面对压力时，每个人的应对方式也不尽相同，那么怎样的方法才是有效的呢？

从外在看，乐观自信，认为自己有潜力、可塑造、可提升的人会更积极地应对压力，这其实又与前面的内容联系在了一起，即暗示、信念的作用，这也是我们强调从思想上、思维意识上改变的原因。正如本·沙哈尔教授说的那样，一切声称立竿见影的方法都是皇帝的新装，行之有效的方法往往要在思维层面做文章，这也就意味着不会迅速看到效果。

那是不是意味着自信力不强或者缺乏自信者就无法有效应对压力呢？当然不能如此极端。虽然我们不能找到立刻产生效果的方法，但至少有些途径可以帮助我们增强身体、心理的抗压能力，逐渐转变面对压力的态度，从而找到更好的处理方式。

这里有几个从哈佛大学学生的身上总结出来的有关压力调节的方法。

调整压力最直接的方式就是宣泄，比如有氧运动跑步、健身等，运动不但能让身体愉快，也能够使心灵放松，当然最好是长期、规律的运动，除了宣泄，还可以有效增强身心的适应力；比如倾诉，站在高处大喊或者找信任的人倾诉一番，把事情憋在心里只会加重压力；比如打沙袋、捏压力球。

当然上述途径或许会让你在当下有所缓解，但很快，压力可能又会席卷而来，换言之，治标不治本。

对于压力，本·沙哈尔博士这样认为，我们总是在说压力，总想着一定要摆脱它，但压力实际上培养了我们的忍耐力、身体的力量，从长远来看甚至会带来快乐，重要的不在于压力，而在于休整，在于休息。

所以，我们要从"马拉松运动员"转向"短跑运动员"，即用一个小时到两个小时"短跑"——非常专注地工作或学习，精力非常集中。"短跑"之后，在尽可能不分心的情况下，用十五分钟来恢复。心理学家发现，按照生物钟，人类的专注力可以持续一两个小时，具体时间长短因人而异，但平均是一个半小时，然后修整十五分钟。方式可以是冥想、健身、听音乐，等等，尽量什么都不要想，尤其不要想工作。当然，这必须是长期的，最好是养成习惯。

休息的级别包括恢复（十五分钟）、睡眠（七至九小时）、一周休息一天、假期。

根据压力产生的来源，即评估自己是没有能力解决还是无法很好地解决要面对的事情，来制定应对、调整压力的有效方法，缓解自身压力。

评估，说白了是主观性的。你认为你不能，心理上就会懈怠，因而变得拖延、不积极，于是问题就真的无法解决或者完成不了，压力就会越来越大。

首先还是思维方式，要学会问问题，当然是积极的问题，从"我压力为什么这么大""我什么时候才能完成"到"那些快乐、健康、成功的人是怎么做的"，问题可以拓展思路，使我们关注到新的方面。

其次就是专注，分为两个方面：第一，在事项中选择最重要的优先安排；第二，在工作、学习的过程中专注于事项本身。

有的人可能为了提升能力或是其他原因，在短时间内给自己安排了大量事情，结果导致紧张不安和抑郁，反而会使效率和创造力降低，也就是所谓的"过犹不及"。

还有的人在学习、工作时，开着邮箱、微信等，容易分心。此外睡眠不足、不良生活习惯（抽烟、酗酒）也会降低专注力，导致智商减分。

无法专注工作、学习的关键是什么？没有确定好自己真正想做的。不要用"事情就是这么多"的借口，学会分类（四象限法则），学会精简，从必须做的事情中选择重要的，当然尽量遵从你的内心，选择最想做的，然后坚定不移地执行，聚焦工作学习，聚焦调整。

从长远、根本来看，一个人和压力之间能否和谐共处，关键在于有没有制定一个"自我和谐"的目标，换言之，有没有找到努力的意义、想做的工作。学习也同样如此，这也是为什么人有压力还是很快乐。

终身学习

让学习成为一种生活方式

◆ 走出教育的圈子

终身学习一词最早出现于20世纪初期，在当时仅仅是部分学者的研究领域，第二次世界大战以后，世界范围内教育危机的爆发，才使其真正成为教育事业的发展原则。

世界范围内的教育危机是什么样子的呢？与终身学习的理念又有怎样的关系呢？

20世纪60年代末期，人口激增，大量年轻男女参与到经济中来，这之中按照接受教育程度及成效可分为四大类：一是完全没有接受过教育；二是接受过低程度的教育，无法为就业做好准备；三是接受过正规教育，但与社会经济发展的要求相冲突；四是接受过专业训练。在这种情况下，各国都开始采取扩大教育规模、增加教育支出等措施，但仍不能从根本上解决问题，原因是传统的教育制度已经不能适应社会发展的新要求，职业教育、培训、高等教育与实际需要相脱离，毕业生不符合企业需要、就业失败率高、农村人口教育不达标等现象层出不穷。如此严峻挑战之下，国际社会提出了"终身学习"的概念，强调学习要走出传统正规教育的圈子，走出传统意义上的学校，将校外学习与传统教育相结合，从早期儿童教育到各级成人教育都进行系统性的改革，将学习社会化、终身化，营造学习型社会。

终身学习理念的提出，预示着传统以学校教育为核心的教育观念已经成为过去。学习不应该受制于学习年限、学习场所以及科目类型，学习的内容也不应该局限于课本之上，学习的途径和方法更要多样化。不管是通过正规教育途径还是非正规、正式途径获得的知识、技能都应该被承认，只有如此学习才能够丰富化、灵活化、多样化，符合社会发展的需要，契合企业的需求，学习者也才能紧跟时代的脚步，不被抛弃。

终身学习一经提出就受到了各个国家、学校的重视和推崇，尤其像哈佛、剑桥、耶鲁、麻省理工这样的世界知名学府，终身学习的能力是它们认为应当传授给学生们的最宝贵财富。

如今，社会已经进入了一个技术频繁换代、知识快速更新的时期，终身学习已经不单单是一种学习观念、学习态度，更确切地说是生存的需要、个人发展的必需。

哈佛有句格言：教育的目的不是让学生们学习一堆知识，而是让学生具备一种思维，能够为终身学习打下坚实基础，从来没有一个时代，像今天这样需要随时随地地、不断深入地、广泛高效地学习。

哈佛大学三百多年来唯一的一位女校长德鲁·吉尔平·福斯特用其亲身经历告诉世人，走出去了解全世界是孩子们的必修课，走出校园，走出传统教育的圈子，是更宽广的学习天地。

她曾说过，世界是庞大的，容纳着太多的东西需要我们去熟悉和探索，学习不应当只限于课堂，止步于校园，仅仅了解一门外语。语言只是一种工具，我们学习它是希望通过它打开学习陌生文化与生活、他国历史与人文的大门，只有我们看到更大的世界，心胸才会更宽广，为人处世也会更坦荡，也才能够更加能适应社会的快速发展和变化。

教育是为了让一个人成为最好的自己，而终身学习强调"成为最好的自己"不应该被限定在某个时间段，而是随时随地、时时刻刻。

哈佛商学院工商管理系的柯比教授曾说，我们不愿意看到哈佛的学生有这样的结果：在学校时门门功课都能得A+，是一个成绩优秀的学生；离开学校以后却成为一个低能儿，不知道学习是贯穿一生的事情，不能利用继续学习来增值，而使得自身已有的价值像阳光下的雪人一样——渐渐融化，直到消融得无影无踪。

学习一定要走出教育的圈子，这强调的不是肢体上外在的行为，主要是内在的意识想法。即使走出了学校，脱离了课堂，即使很少或者没有接受过学校的正规教育，也要让自己在社会中拥有学习的意识、动力、途径、目标，把学习当成一种习以为常的事情，就像吃饭、睡觉一样。

另一方面，终身学习的对象也是需要思考的内容之一。离开了教育的圈子，学习的内容更加开放和繁杂，文化理论性知识更多的可以看作是一种工具，方便人们在实践的过程中提炼和总结。当人们进入快速发展的社会之中，需要学习的、提升的方面会越来越多，不仅包括对工作、个人能力发展有积极影响的地方，也涉及生活方式、人际交往，不能因为过度追求事业、成功，使学习的内容类型分配严重失衡，从而产生更多无法挽回的损失。

哈佛大学工商管理学院硕士黄征宇在其著作《终身学习：哈佛毕业后的六堂课》中就论述了相关方面的内容。

1977年，黄征宇在上海出生，10岁时随家人移民美国，大学时期先后在斯坦福大学获得经济学学士、工业工程学士、计算机科学硕士学位，后又进入哈佛大学进修，获得工商管理硕士学位。毕业之后黄征宇很快成为英特尔公司的董事经理，主导该公司与中国政府之间的合作。2009年，黄征宇在美国前总统奥巴马的授权下进入白宫成为"白宫学习者"。学习结束后，他回到中国开始创业，成立了多家领先公司。可以说，这个上海弄堂出生的"学霸"在36岁之前在事业上都是顺风顺水，是外界眼中不折不扣的"人生赢家"。

黄征宇取得的这一系列成就都是源于他的不断学习，即使离开了校园，他也从未停止过获取知识，深入思考，不过事业上的一次重大打击使得他开始重新认识"终身学习"这回事儿。

2013年，黄征宇的创业伙伴选择放弃与他合作，把他排除出了公司。这是他个人生涯中遭遇的最大挫折，不过也正是这次打击带来了新的转机。闲下来的黄征宇有了更多时间思考自己的人生，回顾过去的成长和创业历程，他发现自己将太多精力放在了事业上，而忽略了其他方面的重要性，从而损失了很多东西，比如身体和心理健康、人际关系、个人爱好等。为此，他重新定位了终身学习的内容，并写了有关终身学习的书，在书中他将需要学习的内容分为六大方面即健康、情绪、思维、关系、事业、财富。

事实上，黄征宇的这一经历表明，走出教育的圈子，要从身到心，身体脱离了学校教育，思想上也要突破止规教育的局限，扩展学习的范畴。很多人在进入社会后，都与黄征宇最初的想法一样，以事业为最重，事业就像学校中的成绩，所有的学习都要对事业发展起到直接促进作用。但是换个角度看，其他方面和事业是同等重要的，是相辅相成的，试想，如果没有健康的身体和情绪，又怎么能好好地工作和学习？人际关系处理不好，难保不会遇到黄征宇一样的遭遇，不合理的财富观只会让自己成为金钱的奴隶……

走出教育的圈子，通过不断获取更加全面的知识将自己塑造成完整意义上的"人"，这才是终身学习的真谛。

◆ 从被动到主动，学习更有意义

终身学习，顾名思义，即活到老学到老。终身学习是一场漫长的学习之旅，因而就要具备主动学习的意识。对待学习，不要依赖他人的监督，全凭自觉，对待知识要保持辩证的态度和持续钻研的决心。

然而，大多数人从学校开始，基本上就处于被动学习的状态。其实，人类本身是具有主动学习的意识的，比如很多小孩子都会缠着爸爸、妈妈、爷爷、奶奶问很多问题，这其实就是一种主动学习的表现。但随着年龄的增长，这种意识就会越来越淡化，甚至全然消失，变为机械式学习。

原因有两方面：一是心智发展，好奇心随年龄增加而减退；二是按部就班的学校教育影响，人们习惯了被学校和老师的教学计划牵着鼻子走。

但是，并不是所有的人都会呈现这样的状态。在校园时，总有一些学霸，他们全然不按照老师、学校的教学计划走，以自学为主，上课时也不是一丝不苟地做笔记，而是向老师提问自己没想明白的问题，他们当中的一些人甚至一年就会把三年的课程学习完。

当然，他们之所以能够做到这样，除了主动学习的意识之外，还有天赋的作用。但事实上，学多少是次要，有没有某方面的天赋也不是最重要的，关键在于你是否具有主动的想法。

一个刚毕业的年轻人，进入了一家企业，工作几天后，他从同事聊天中得知其上司学历还不如他，心中不免有些不服。

后来，出了工作上的事情，上司找他谈过几次，这个学历不如他的上司，却总能看到他看不到的问题。为此他十分纳闷："为什么他就能看到，我却看不到呢？我智商又不是不如他。"

他把自己心中的疑惑告诉了同事，同事笑着说道："你不说人家工作了多少年，你呢？还没一年，经验在这摆着呢。"

年轻人仍未被说服，不过他决定转换工作方式，变被动为主动。

他开始一点点强迫自己尽量把更多的精力放在工作任务和工作相关方面的学习上，每当完成一件事情或者写完一份材料文件，他都会先以"找碴"的态度回过头检验一遍，看是否有忽略的地方。刚开始他并不能发现关键问题，还是需要上司指正，不过年轻人并没有气馁，坚持了一段时间后，效果显而易见，他完全能够在交给上司审阅之前就能把任务完成得很好，在工作上游刃有余。

拿例子中的年轻人来说，他其实并没有用多么特别的方法，只是转换了在工作中的学习态度，从开始的被动指出问题到后来的主动发现问题，而这一转变产生的效果却是积极而巨大的，这就是为什么要强调主动学习的重要性。

被动到主动说白了根源在于意识，是一种思想上的转换，不仅表示行为上的自觉，更在于思维方式的自觉。因此，不能简单地认为主动学习是不依赖他人催促带领的学习，比如主动学习一个英语单词、主动学习一项技术，而是能够依靠自己探索表面的知识下更有价值的东西，可能是一个难以解决的问题，可能是一种别样的用法，也可能是一个有意义的疑问。

上面已经提到过，大多数人在学习上都习惯于被动，那么用什么样的方法才能较为容易地开启思想上的转变，使得被动转向主动，学习更有效率呢？

所幸的是，我们无须经过漫长的探索去找寻这样的方法，因为在此之前已经有人指明了方向。在学习领域，有一种并不复杂的技巧可以让我们转变思维，具备主动学习的意识，直奔更高效的学习，可以称它为"老师思维"。

哈佛商学院工商管理系的柯比教授曾说过：高效的学习就是让学生真正成为学习的主人。

不管是优秀的教授还是天才般的学霸，在哈佛，他们除了些许不同外都有着高度一致的共同点：兴趣多样、涉猎广泛、科研能力强，教学能力和学习能力更强。正是如此他们才能从现实繁杂的信息中获得丰富而又精准的信息，在工作学习上领先卓越，在社交娱乐上也游刃有余。他们总是能够将晦涩难懂的专业性知识讲述得十分透彻，将抽象的理论联系到实际生活，能够通过具体应用让他人理解要讲授的内容或者自己要表达的观点。

基于这样的学习理念和方法，有人对其做了总结，概括来说高效学习的关键就是"用自己的话向别人说明一个他不知道或者不明白的概念或观点，如果他听懂了，说明你是真的学透了"，这也就是"老师思维"。

美国缅因州的国家训练实验室研究发现，采用不同学习方式的学习者，在两周以后能记住的内容多少（平均学习保持率）差异很大，其结果（学习吸收率）可以用"金字塔结构"来表示。

结果显示，我们多数人常用的听课、听力学习、按部就班地记笔记、阅读、视频学习等学习方法吸收率低，学习效果差，可以归为被动学习；相较而言，通过讨论、实操演练、即时运用、教学（转教他人）等方式学习的效果要好很多，这些就可以称为主动学习。

辩论达人黄执中就曾分享过相关的学习方法：我常常会做这样一种练习，看书时遇到写得好的地方时，比如想法非常奇妙、观念超前、创意很棒，我都会合上书，假装面前坐着一个学生，他不懂这一段的内容，而我就要试着教一遍，讲到"他懂"为止。如果你每看一本书、读一篇文章都这样做，对着假想的学生将有价值的内容教一遍，这样一来，好的东西才会真正成为你内在的一部分，逐渐融进身体里。

事实上，运用"老师思维"学习的效果之所以好，就是因为它充分调动了大脑的积极主动性，使得学习目标性更强，能够将混乱的繁杂的信息有效整合，且能够及时查漏补缺，巩固不足，同时形象化的方法又加深了知识之间的联系，使之连接成一个有逻辑的整体。更可贵的是，这种主动学习的方法极其简单方便，无须复杂的形式，也不用限定场景，可以随时随地展开训练。阅读一篇文章、回答一个问题、参加一次演讲、进行一次辩论、讨论某个事件等，不仅仅是书本上的学习，生活的方方面面凡是有学习的地方，都可以使用这种方法。

✦ 学习也要跟紧时代潮流

　　哈佛大学是美国本土历史最悠久的高等学府，成立于1636年，至今已有三百多年的历史。不过"年龄人"归"年龄大"，哈佛可不是老古董，相反它的思想历久弥新，教学理念紧跟时代潮流，凭借着优质的教学资源和超前的理念，培养出了一批又一批优秀的学生。在这样的学府中，学生们的学习亦是与时俱进的，他们不仅注重文化知识，也重视实践能力，不过分推崇经典，也不排斥新知，不仅是文化课上的佼佼者，也是社会上的精英。

　　所谓跟紧时代潮流，主要包括两方面，一是学习的内容跟进潮流，二是学习的方法技巧与时俱进。

　　现实中，有不少人秉着坚持传统、推崇经典的态度，对时代发展中的新生事物极度排斥，不予接受，自顾自地坚持着自己的观点，盲目信服和赞扬"老知识"，这类人就被称之为"老古董"。

一个很老派的年轻人，他始终对互联网"保持偏见"，别人用手机支付，他摇摇头，那多不安全；别人用电脑学习，他也摇摇头，那还能有课本知识权威？有一次，公司要求员工们考一种证书，大家结合着网络课程和书本一起学习，唯有他只看书。谁知，他从书本上获得的知识很多已经过时，并且缺乏实际经验的分享，最后只有他没通过考试。

实际生活中这样的人其实并不少见，这样的守旧的思想只会让自己丢失掉很多机会或者把简单事情复杂化。

事实上，我们倡导的终身学习，内容是非常广泛的，书本上的文化知识只是很小的一部分，从衣食住行到生活工作的方方面面，需要学习的东西太多太多，而时代发展得越来越迅速，新生事物出现的频率也越来越高，不管是生活方式还是理念思想义或者是技术、方法，都需要认真学习并掌握其精华部分，否则你的工作、生活都会变得一团糟。

不想被时代抛弃，就必须有接受新事物、学习新知识的勇气和魄力。

不管是理论知识还是学习的工具、方法或者其他方面的技术，它们都是在不断发展前进中的，糟粕要不断剔除，经典也需要与时代特色结合。

然而，排斥新事物、新知识、新方法似乎是很多人的本能，这是因为人的一切行为归根结底就是以最低成本追求最大快感，如果他认为这件事情不会产生快感（认为要学习探究的事物本身就是不正确的）或者很难产生快感（学习的难度较大）又或者产生的快感较小（自己不是第一批掌握的），那么他就会产生排斥的感觉，用消极的想法麻木自己——这个不值得学习。

心理学表示，人有路径依赖：一旦做了某种选择，就会习惯性地沿着这条路一直走下去，不会轻易回头或改变路线。这种心理限制了人接受新东西的能力，会让人变得保守、固执、狭隘，因而多数人都追求安逸的现状，守着曾经拥有的知识、技能安然自得，对待新的东西或视而不见或严厉批判，总之故步自封。

而事实上，那些在马车上谈笑风生对蒸汽机嗤之以鼻的达官贵人最后也从马车上跳了下来；那些对互联网偏见甚深的专家教授，现在也熟练自如地运用它；那些不肯学习用电脑的人，已然跟这个时代脱轨……历史的车轮滚滚向前，世界的发展不以任何人的意志为转移，我们所能做的就是接受并跟上它的步伐。也许十年后被社会淘汰的，就是现在不知道如何学习网上课程、不懂得如何操作智能手机、不了解行业新科技工具的人。

说到跟紧潮流，不断学习，不得不提到的一个人就是达斯汀·莫斯科维茨。

达斯汀·莫斯科维茨是一名互联网企业家，在哈佛就读时是扎克伯格的室友。

达斯汀在学习上很有自己的主见，对知识的类型保持着开放、跟随时代潮流的态度，不仅学习课本，更学习课本以外的东西，不仅对经典的知识感兴趣，更敢于尝试新兴事物。他的学习看似广泛杂乱，但却有着一套自己的标准：第一，对发展事业无用的书再好看有趣也不看；第二，对人生有用的书必看，没有趣味也要看出趣味。正因为有效而前卫的学习，他从茫茫信息大洋中发现了创业的机会，掌握到了靠知识和资本快速壮大企业的秘诀。他说："在学习的过程中，我更加感受到知识对命运的改变。"也因此，他认为，成功领袖必备的条件之一就是善用知识："经济的竞争以知识为基础，企业成败的关键就在于知识的创造与应用。"

此外，他"批判审慎"的态度始终贯穿整个学习过程，让他更具思辨性地对待知识，而不是单纯迷信专家和权威，对此，他表示："我尊重那些人云亦云的表面专家的分析，但始终有着自己的观点。"

从达斯汀·莫斯科维茨"跟随时代潮流的学习"中，可以总结出如下几点：

第一，跟随潮流，但无须跟随所有的潮流。知识的类型多种多样，但都要为自己的目标服务。

第二，改变获取知识的途径会节省更多时间，多了解新技术、新手段、新工具等。

第三，善用知识，批判性思维永不过时。

在学习中，如果能做到以上几点，学习效率将会大大提升，能够更迅速获得对自身发展有帮助的知识，从而实现快速提升；另一方面，有选择性地跟紧潮流，既不会耗费过多精力，又能不被时代所抛弃。

◆ 实现终身学习的重要方式

终身学习是一场漫长的学习之旅，而大多数人在学习上总是三分钟热度，无法长久地坚持下去。只有克服身体乃至心理上的惰性，才能真正实现终身学习。事实上，我们所要做的就是改变自己的思维方式，激发自己的学习欲望，学习并掌握高效的学习方法甚至自己总结出专属自己的高效学习法，然后用于终身学习。

实现终身学习的方式有哪些？实现终身学习需要注意的方面很多，比如学习动机、情绪管理、时间管理、内化知识、思维方式等。下面我们将更有针对性地对实现终身学习的方式进行详细的讲解。

一、动机

前文提到过学习的动机有很多种，比如证明自己的学习能力、工作需要、想要提升自我、父母或领导要求、知识或技能本身的吸引力等。在诸多动机中，兴趣只是其中一种，并且纯粹是因为兴趣而学习的人并不多。毕竟步入社会后，学习需要越发功利，不过就终身学习而言，兴趣是极其重要的因素，因为在一个长期事件中，动力是坚持下去的主要保障。因此，要实现终身学习，就要明确自己各个阶段的学习动机，为什么而学，且最好是从兴趣出发，如果不是，也尽量将其与兴趣扯上关系，这样内驱力才会达到最大值。

二、学习的途径和工具

途径方面，一方面是系统性学习或者说"课堂学习"。最常见的是学历进修，本科毕业考研，研究生毕业考博。除了全身心投入学业，还有一种形式是在职进修，比如读在职研究生、在职博士、MBA、工程硕士等，是很多职场人士喜欢的学习途径。这种方式的好处是，课程设计系统化加上老师的引导、同学之间的相互促进、考试和作业的巩固、高价值文凭的吸引力，更容易坚持下去。第二种形式是培训课程，公司组织或者自己报的学习班，这种课堂学习实用性强、针对性强、见效快，不管是行业知识还是工作技能，好的培训都能够做到立竿见影。第三种形式是行业会议，主要是交流学习与工作相关的内容。

另一方面是自学。自学中较为系统的是通过网络课程学习，无论是学技能还是考证都可以通过网络课程学习。除此之外，哈佛大学、斯坦福大学等各大名校都有网上课程，而且大多是免费的，这些课程都是系统性的，价值很高，学完一个系列就会有颇多收获。其次是阅读，虽然这种方式系统性不高，甚至全凭自己感悟，但长时间坚持下来也会让人提升很多，尤其是阅读经典的书籍，思想层次都会较以往提高很多。再有就是从实践中学习，俗话说实践是最好的老师，有的人可能对理论知识一窍不通，但却能通过实践摸索出一套独特的方法、经验。一个经济学领域的专家也未必能比一个家庭主妇擅长精打细算，当然实践中的学习最重要的就是总结。

工具方面，除了纸质的书籍，手机、电脑都是很好的工具，利用好网上图书馆、各种学习App很重要。

三、学习方式与效果

也就是前面提到的"金字塔结构"，即以常用的"听讲""阅读"等方式进行学习，学习保持率较低，学习效果不够理想，最好在此基础之上结合讨论辩论、复习复盘、互相交流、授课、实践等方式加深对知识的理解和吸收。

四、明确两种曲线

一种是学习曲线，人想要从学习中获得成果，想要以成果为激励，就必须明白学习成长的路径走向。

现实中很多人做一件事情总是坚持不下去，比如，一个人想要提升自己，想要赚更多钱，开始觉得平面设计很有潜力，于是就去学习平面设计，结果过了一阵子又去研究怎么拍短视频了。这个试一下，那个学一点，也不是不认真，学习的时候非常投入，但到最后却一事无成。

这是为什么呢？我们常说努力就会有收获，很多人会认为，时间精力投入，可以换来直接的成果，努力与时间是成正比的。

很多人在努力尝试了一段时间后，没有得到什么回报，就会放弃，其实这时候的他们仍旧处于最缓慢的区域。这一区域中，努力和成果并不是正比的关系，尽管你投入了很多精力，转换了很多方法，也不会获得明显的收获，但这是一个沉淀的过程，到达某一个节点才会发生质的改变，因此这一阶段的坚持非常重要。

当然，也会有小部分人熬过了缓慢区，进入了加速区，这时候他们就会开始获得回报，回报又会激发更大的努力，然而最终还是会陷入某个瓶颈。只有极少数人，经历了非同寻常的磨炼或是更长时间的积累，才突破进入高速区，成为大咖级人物。

那么，度过缓慢区有没有什么技巧呢？

明确高层次的要求，刻意训练，为努力找准方向。举个例子，当你觉得依靠自己努力无果时，不妨去看一看这一领域比自己高一层级的人的做法，借鉴经验，反复刻意训练，并注意循序渐进。

第二种是遗忘曲线，这在之前的内容中已经详细解释过，强调的是及时复习，找准复习时间段的重要性，即信息进入大脑期限为一小时，在一小时之内回想就能将记忆时间延长，之后最好一天后再回想，三天、五天后再回想。

五、激励法则

漫长的学习总会让人怠倦，除了原始的内驱力，在学习的过程中更应该注意使用不同的方法或者利用人体机制规律来调整状态，激发学习动力，增强学习效果。

（一）放松激励法

哈佛大学的哈勃博士提倡"松弛反应"开发学习力，最简单就是深呼吸。实验证明，深呼吸、静坐、冥想都是加强学习效果的有用方式，冥想还可以极大程度上改变我们的大脑，帮助产生积极情绪，并在痛苦面前变得更坚定。

当我们在学习中遇到困难或没有思路时，不妨先放下，运用上述方法让大脑和身体得到放松，太紧绷的神经也会导致你钻牛角，与答案擦肩而过。不过，有的时候这种安静疗法并不能消除问题带来的郁闷，这时可以尝试更为激烈的方法，即运动+音乐。研究表明，人体在排汗时肌肉内的压力激素皮质醇水平会降低，与愉悦感相关的内啡肽激素水平升高，也就是说有氧运动有助于平复消极情绪，而积极的激昂的音乐会点燃人体内的热血情绪，在双重作用下，人体不仅可以得到有效放松，受到鼓舞，还有可能被激发出巨大的潜能，从而突破困境。

可见运动对心理调节有着积极作用，适当的运动是必要的，每周进行三次身体锻炼，每次三十分钟，效果与最有效的心理药物一致。

（二）压力激励法

我们知道压力过度是坏事，但没有压力也不见得是好事，压力过大和没有压力都会让人进入不作为的状态，而适当的压力会让人产生更多动力。如何才能保持在适当的压力下工作学习呢？首先弄明白压力的本质，现实中我们的压力可能来源于父母、同学、同事等，但归根结底，还是产生于你自身。你将身边人的评价、想法、行为吸收然后堆加到自己身上，因此常常会有这样的想法"我要能像或超过××就好了、我要是能××就好了"。这表明，压力是现实和理想的落差值，现实代表你现有的能力，理想则是最终的目的。减小压力即缩小落差值，大方向有两种：一是提升能力，二是将理想分级。能力提升需要长期学习；理想分级则是根据现有能力制定合理的目标，从而随着能力提升，逐步提高目标，进而实现理想。

压力激励法的关键就是摒除不切实际的幻想，制定合理的短期目标，每天分配合适的工作量学习量。

（三）反馈激励法

什么是反馈激励法？可以从各种短视频社交软件、游戏软件中得到答案，点赞效应、音乐背景等积极事物带来的愉悦感、"金币"效应、胜利带来的快感等，这些都让参与者欲罢不能，长时间沉溺其中都不觉得厌烦和疲惫。

然而学习却没有这样的短时效应，不过我们可以模拟这种设定用于学习过程中。前文提到过，记录学习起止时间是一个非常好的方法，比如翻译完一篇英文短文的时间、写完一篇论文的时间等。学习需要劳逸结合，记录起止时间的好处是回忆起这段时间获得的知识会产生巨大的成就感，会使你更有动力开展接下来的学习，同时也会促使你好好犒劳自己，休息得更充分，而这就是一种身体和心理上的双重激励。

此外，还应该以周或月为周期，记录自己的学习进度和收获，将成果可视化，也是一种激励方法。

除了上述方面，实现终身学习的因素还有很多，比如时间管理、能量（身体）管理、情绪管理，这些更是贯穿了整个学习过程乃至人的一生。一个拥有健康身体，在多数时间保持积极情绪，不被消极情绪左右，能够合理安排时间，掌握着一套属于自己的学习方法且有着高水平思维层次的人，只要他想，就没有做不到的事情。然而现实中，这样的人却是极少数，只有持续不断地学习才能够无限接近这种状态。